Marie Durand

Livre de Recettes à la
Friteuse à Air Chaud

200

Repas sains et très variés pour tous les jours

Tous droits réservés

ISBN : 9798391524038

Table des matières

Frites et légumes rôtis 34

Plats principaux de viande et de volaille 55

Poissons et fruits de mer 76

Snacks sucrés et desserts 118

Sandwichs et hamburgers 139

Recettes du monde 160

Recettes légères et diététiques 181

Recettes pour enfants 202

Introduction

Bienvenue dans ce livre de recettes rapides et délicieuses à la friteuse à air chaud ! Si vous cherchez à préparer des repas sains et savoureux pour vous et votre famille, tout en économisant du temps et de l'énergie, alors vous êtes au bon endroit.

La friteuse à air chaud est un appareil polyvalent qui peut être utilisé pour cuire une grande variété de plats, des entrées aux desserts. Avec cet outil, vous pouvez profiter de la saveur et de la texture croustillante de vos aliments préférés sans les graisses et les calories excessives des méthodes de cuisson traditionnelles.

Dans ce livre, vous trouverez plus de 200 recettes pour tous les jours, qui sont non seulement faciles à préparer, mais aussi nutritives et variées. Nous avons inclus des plats pour tous les goûts et toutes les préférences alimentaires, y compris des recettes végétariennes, des plats de viande et de volaille, des fruits de mer, des sandwichs et hamburgers, des recettes du monde, des snacks sucrés et desserts, des recettes légères et diététiques, et des recettes pour enfants.

Nous avons également inclus des astuces et des conseils pour tirer le meilleur parti de votre friteuse à air chaud, ainsi que des suggestions pour personnaliser les recettes selon vos goûts et vos besoins nutritionnels. Que vous cherchiez à préparer un dîner rapide en semaine ou à impressionner vos invités avec des plats sophistiqués, ce livre a tout ce qu'il vous faut.

Nous espérons que ces recettes vous inspireront à découvrir les nombreuses possibilités offertes par la friteuse à air chaud, et à créer des repas sains et délicieux pour vous et votre famille. Bon appétit !

Apéritifs croustillants

Croquettes de fromage

Ingrédients: 4 personnes

- 400g de fromage cheddar râpé
- 200g de farine
- 4 œufs battus
- 300g de chapelure
- Sel et poivre

Préparation:

1. Mélangez le fromage râpé avec la farine.

2. Formez des petites boules avec le mélange de fromage.

3. Trempez les boules dans les œufs battus, puis dans la chapelure.

4. Placez les croquettes dans la friteuse à air chaud et faites cuire à 180°C pendant 10-12 minutes.

Bâtonnets de mozzarella panés

Ingrédients: 4 personnes

- 24 bâtonnets de mozzarella
- 200g de farine
- 4 œufs battus
- 300g de chapelure

Préparation:

1. Enrobez les bâtonnets de mozzarella de farine.

2. Trempez-les dans les œufs battus, puis dans la chapelure.

3. Placez les bâtonnets dans la friteuse à air chaud et faites cuire à 190°C pendant 6-8 minutes.

Beignets de légumes

Ingrédients: 4 personnes

- 2 courgettes
- 2 carottes
- 1 oignon
- 200g de farine
- 4 œufs battus
- 300g de chapelure
- Sel et poivre

Préparation:

1. Râpez les courgettes, carottes et oignon.

2. Essorez les légumes pour éliminer l'excès d'eau.

3. Mélangez les légumes avec la farine, les œufs, la chapelure, le sel et le poivre.

4. Formez des petites boules avec le mélange de légumes et placez-les dans la friteuse à air chaud. Faites cuire à 180°C pendant 10-12 minutes.

Boulettes de viande

Ingrédients: 4 personnes

- 500g de viande hachée (bœuf, porc ou dinde)
- 1 oignon finement haché
- 2 gousses d'ail émincées
- 1 œuf
- 100g de chapelure
- Sel et poivre

Préparation:

1. Mélangez la viande hachée, l'oignon, l'ail, l'œuf, la chapelure, le sel et le poivre.

2. Formez des boulettes de la taille d'une noix.

3. Placez les boulettes dans la friteuse à air chaud et faites cuire à 180°C pendant 12-15 minutes.

Mini-quiches sans pâte

Ingrédients: 4 personnes

- 4 œufs
- 200 ml de crème fraîche épaisse
- 100g de lardons
- 100g de fromage râpé (emmental, gruyère, etc.)
- Sel et poivre

Préparation:

1. Dans un bol, mélangez les œufs, la crème fraîche, le sel et le poivre.

2. Faites revenir les lardons dans une poêle sans matière grasse.

3. Répartissez les lardons dans des moules à muffins en silicone.

4. Versez le mélange d'œufs et de crème sur les lardons.

5. Saupoudrez de fromage râpé et faites cuire dans la friteuse à air chaud à 180°C pendant 12-15 minutes.

Tempura de légumes

Ingrédients: 4 personnes

- 1 courgette
- 1 poivron rouge
- 1 poivron jaune
- 200g de farine
- 1 œuf
- 240 ml d'eau gazeuse froide
- Sel

Préparation:

1. Coupez les légumes en lamelles.

2. Mélangez la farine, l'œuf et l'eau gazeuse pour obtenir une pâte lisse.

3. Trempez les légumes dans la pâte et placez-les dans la friteuse à air chaud.

4. Faites cuire à 200°C pendant 10-12 minutes.

Nuggets de poulet maison

Ingrédients: 4 personnes

- 500g de filets de poulet
- 200g de farine
- 4 œufs battus
- 300g de chapelure
- Sel et poivre

Préparation:

1. Coupez les filets de poulet en morceaux de la taille d'un nugget.

2. Enrobez les morceaux de poulet de farine, puis trempez-les dans les œufs battus et enfin dans la chapelure.

3. Placez les nuggets dans la friteuse à air chaud et faites cuire à 180°C pendant 12-15 minutes.

Falafels

Ingrédients: 4 personnes

- 400g de pois chiches cuits et égouttés
- 1 oignon haché
- 2 gousses d'ail émincées
- 1 cuillère à café de cumin en poudre
- 1 cuillère à café de coriandre en poudre
- 2 cuillères à soupe de farine
- Sel et poivre

Préparation:

1. Mixez les pois chiches avec l'oignon, l'ail, le cumin, la coriandre, la farine, le sel et le poivre.

2. Formez des boulettes avec la préparation et placez-les dans la friteuse à air chaud.

3. Faites cuire à 180°C pendant 15-18 minutes.

Croquettes de thon

Ingrédients : 4 personnes

- 2 boîtes de thon en conserve égouttées (environ 280g)
- 1 oignon finement haché
- 100g de chapelure
- 1 œuf
- 2 cuillères à soupe de persil haché
- Sel et poivre

Préparation :

1. Mélangez le thon égoutté, l'oignon, la chapelure, l'œuf, le persil, le sel et le poivre dans un bol.

2. Formez des petites boulettes ou croquettes avec la préparation de thon.

3. Placez les croquettes dans la friteuse à air chaud et faites cuire à 180°C pendant 10-12 minutes.

Bouchées de chèvre et miel

Ingrédients : 4 personnes

- 1 bûche de fromage de chèvre
- 100g de farine
- 4 œufs battus
- 300g de chapelure
- Miel

Préparation :

1. Coupez le fromage de chèvre en tranches épaisses.

2. Trempez les tranches de chèvre dans la farine, puis dans les œufs battus et enfin dans la chapelure.

3. Placez les bouchées dans la friteuse à air chaud et faites cuire à 180°C pendant 6-8 minutes.

4. Servez chaud avec un filet de miel sur le dessus.

Bouchées de poulet au bacon et fromage

Ingrédients : 4 personnes

- 500g de filets de poulet
- 8 tranches de bacon
- 100g de fromage râpé (emmental, gruyère, etc.)
- Sel et poivre

Préparation :

1. Coupez les filets de poulet en morceaux de taille moyenne.

2. Enroulez chaque morceau de poulet avec une demi-tranche de bacon et fixez avec un cure-dent.

3. Placez les bouchées dans la friteuse à air chaud et faites cuire à 180°C pendant 10-12 minutes.

4. Saupoudrez de fromage râpé et faites cuire pendant 2-3 minutes supplémentaires jusqu'à ce que le fromage soit fondu.

Mini-tacos croustillants

Ingrédients : 4 personnes

- 8 tortillas de maïs
- 250g de viande hachée (bœuf ou dinde)
- 1 oignon haché
- 1 poivron haché
- 100g de fromage râpé
- 1 cuillère à soupe de poudre de chili
- Sel et poivre

Préparation :

1. Faites revenir la viande hachée, l'oignon et le poivron dans une poêle avec un peu d'huile. Ajoutez la poudre de chili, le sel et le poivre.
2. Coupez les tortillas en deux et garnissez-les avec la préparation de viande hachée.
3. Repliez les tortillas pour former des demi-lunes et placez-les dans la friteuse à air chaud.
4. Faites cuire à 180°C pendant 8-10 minutes jusqu'à ce qu'ils soient croustillants. Servez.

Roulés d'asperges au jambon

Ingrédients : 4 personnes

- 16 asperges vertes
- 8 tranches de jambon cru (prosciutto ou serrano)
- Huile d'olive
- Poivre

Préparation :

1. Faites cuire les asperges à la vapeur pendant 3-4 minutes jusqu'à ce qu'elles soient tendres mais encore croquantes.

2. Coupez les tranches de jambon en deux et enroulez chaque demi-tranche autour d'une asperge.

3. Badigeonnez légèrement d'huile d'olive et poivrez.

4. Placez les roulés d'asperges dans la friteuse à air chaud et faites cuire à 180°C pendant 8-10 minutes jusqu'à ce que le jambon soit croustillant.

Bouchées de crevettes à l'ail et aux herbes

Ingrédients : 4 personnes

- 500g de crevettes décortiquées
- 3 gousses d'ail, hachées
- 2 cuillères à soupe de persil frais haché
- 2 cuillères à soupe de beurre fondu
- Sel et poivre

Préparation :

1. Mélangez l'ail, le persil et le beurre fondu dans un bol.

2. Assaisonnez les crevettes avec du sel et du poivre.

3. Trempez chaque crevette dans le mélange d'ail et de beurre.

4. Placez les crevettes dans la friteuse à air chaud et faites cuire à 200°C pendant 5-6 minutes jusqu'à ce qu'elles soient dorées et croustillantes.

Rondelles d'oignon croustillantes

Ingrédients : 4 personnes

- 2 gros oignons jaunes
- 1 tasse de farine tout usage
- 2 cuillères à café de paprika fumé
- 1 cuillère à café de sel
- 1/2 cuillère à café de poivre noir
- 2 œufs, battus
- 2 tasses de chapelure panko

Préparation :

1. Coupez les oignons en rondelles d'environ 1 cm d'épaisseur.

2. Mélangez la farine, le paprika fumé, le sel et le poivre noir dans un bol.

3. Trempez chaque rondelle d'oignon dans le mélange de farine, puis dans les œufs battus, puis dans la chapelure panko.

4. Placez les rondelles d'oignon dans la friteuse à air chaud et faites cuire à 200°C pendant 10-12 minutes jusqu'à ce qu'elles soient dorées et croustillantes.

Bouchées de poulet aux herbes

Ingrédients : 4 personnes

- 500g de filets de poulet
- 2 cuillères à soupe de persil frais haché
- 2 cuillères à soupe de basilic frais haché
- 2 cuillères à soupe d'huile d'olive
- 1/2 cuillère à café de sel
- 1/4 cuillère à café de poivre noir

Préparation :

1. Coupez les filets de poulet en morceaux de taille moyenne.

2. Dans un bol, mélangez le persil, le basilic, l'huile d'olive, le sel et le poivre noir.

3. Badigeonnez chaque morceau de poulet avec le mélange d'herbes.

4. Placez les bouchées dans la friteuse à air chaud et faites cuire à 180°C pendant 10-12 minutes jusqu'à ce qu'elles soient dorées et croustillantes.

Beignets de courgette

Ingrédients : 4 personnes

- 2 courgettes moyennes
- 1 tasse de farine tout usage
- 1 cuillère à soupe de levure chimique
- 1/2 cuillère à café de sel
- 1/4 cuillère à café de poivre noir
- 1 œuf, battu
- 1 tasse de chapelure panko

Préparation :

1. Coupez les courgettes en rondelles d'environ 1 cm d'épaisseur.

2. Dans un bol, mélangez la farine, la levure chimique, le sel et le poivre noir.

3. Trempez chaque rondelle de courgette dans l'œuf battu, puis dans le mélange de farine, et enfin dans la chapelure panko.

4. Placez les rondelles de courgette dans la friteuse à air chaud et faites cuire à 200°C pendant 8-10 minutes jusqu'à ce qu'elles soient dorées et croustillantes.

Croquettes de pommes de terre et chorizo

Ingrédients : 4 personnes

- 3 grosses pommes de terre, cuites et écrasées
- 100g de chorizo, coupé en petits dés
- 1 œuf, battu
- 1/2 tasse de chapelure panko
- 1/4 tasse de farine tout usage
- 1/2 cuillère à café de sel
- 1/4 cuillère à café de poivre noir

Préparation :

1. Dans un bol, mélangez les pommes de terre écrasées et le chorizo.

2. Formez des petites croquettes avec le mélange de pommes de terre et de chorizo.

3. Dans un autre bol, mélangez la farine, le sel et le poivre noir.

4. Trempez chaque croquette dans le mélange de farine, puis dans l'œuf battu, et enfin dans la chapelure panko.

5. Placez les croquettes dans la friteuse à air chaud et faites cuire à 200°C pendant 10-12 minutes jusqu'à ce qu'elles soient dorées et croustillantes.

Bâtonnets de fromage croustillants

Ingrédients : 4 personnes

- 8 tranches de fromage à raclette
- 1 tasse de farine tout usage
- 2 œufs, battus
- 2 tasses de chapelure panko

Préparation :

1. Coupez les tranches de fromage à raclette en bâtonnets.

2. Dans un bol, mélangez la farine et une pincée de sel.

3. Trempez chaque bâtonnet de fromage dans le mélange de farine, puis dans les œufs battus, et enfin dans la chapelure panko.

4. Placez les bâtonnets de fromage dans la friteuse à air chaud et faites cuire à 200°C pendant 5-6 minutes jusqu'à ce qu'ils soient dorés et croustillants.

Bouchées de champignons croustillantes

Ingrédients : 4 personnes

- 500g de champignons de Paris, coupés en deux
- 1 tasse de farine tout usage
- 2 œufs, battus
- 2 tasses de chapelure panko
- 1/2 cuillère à café de sel
- 1/4 cuillère à café de poivre noir

Préparation :

1. Dans un bol, mélangez la farine, le sel et le poivre noir.

2. Trempez chaque demi-champignon dans le mélange de farine, puis dans les œufs battus, et enfin dans la chapelure panko.

3. Placez les bouchées de champignons dans la friteuse à air chaud et faites cuire à 200°C pendant 8-10 minutes jusqu'à ce qu'ils soient dorés et croustillants.

Frites et légumes rôtis

Frites de patates douces

Ingrédients : 4 personnes

- 2 patates douces, coupées en frites
- 2 cuillères à soupe d'huile d'olive
- 1/2 cuillère à café de sel
- 1/4 cuillère à café de poivre noir

Préparation :

1. Dans un bol, mélangez les frites de patate douce avec l'huile d'olive, le sel et le poivre noir.

2. Placez les frites dans la friteuse à air chaud et faites cuire à 200°C pendant 12-15 minutes jusqu'à ce qu'elles soient dorées et croustillantes.

Frites de carottes

Ingrédients : 4 personnes

- 4 carottes, coupées en frites
- 2 cuillères à soupe d'huile d'olive
- 1/2 cuillère à café de sel
- 1/4 cuillère à café de poivre noir

Préparation :

1. Dans un bol, mélangez les frites de carottes avec l'huile d'olive, le sel et le poivre noir.

2. Placez les frites dans la friteuse à air chaud et faites cuire à 200°C pendant 10-12 minutes jusqu'à ce qu'elles soient dorées et croustillantes.

Frites de courgettes

Ingrédients : 4 personnes

- 2 courgettes, coupées en frites
- 2 cuillères à soupe d'huile d'olive
- 1/2 cuillère à café de sel
- 1/4 cuillère à café de poivre noir

Préparation :

1. Dans un bol, mélangez les frites de courgettes avec l'huile d'olive, le sel et le poivre noir.

2. Placez les frites dans la friteuse à air chaud et faites cuire à 200°C pendant 8-10 minutes jusqu'à ce qu'elles soient dorées et croustillantes.

Frites de rutabaga

Ingrédients : 4 personnes

- 1 rutabaga, coupé en frites
- 2 cuillères à soupe d'huile d'olive
- 1/2 cuillère à café de sel
- 1/4 cuillère à café de poivre noir

Préparation :

1. Dans un bol, mélangez les frites de rutabaga avec l'huile d'olive, le sel et le poivre noir.

2. Placez les frites dans la friteuse à air chaud et faites cuire à 200°C pendant 15-18 minutes jusqu'à ce qu'elles soient dorées et croustillantes.

Frites d'igname

Ingrédients : 4 personnes

- 1 igname, coupée en frites
- 2 cuillères à soupe d'huile d'olive
- 1/2 cuillère à café de sel
- 1/4 cuillère à café de poivre noir

Préparation :

1. Dans un bol, mélangez les frites d'igname avec l'huile d'olive, le sel et le poivre noir.

2. Placez les frites dans la friteuse à air chaud et faites cuire à 200°C pendant 10-12 minutes jusqu'à ce qu'elles soient dorées et croustillantes.

Frites de panais

Ingrédients : 4 personnes

- 2 panais, coupés en frites
- 2 cuillères à soupe d'huile d'olive
- 1/2 cuillère à café de sel
- 1/4 cuillère à café de poivre noir

Préparation :

1. Dans un bol, mélangez les frites de panais avec l'huile d'olive, le sel et le poivre noir.

2. Placez les frites dans la friteuse à air chaud et faites cuire à 200°C pendant 10-12 minutes jusqu'à ce qu'elles soient dorées et croustillantes.

Frites de betteraves

Ingrédients : 4 personnes

- 2 betteraves, coupées en frites
- 2 cuillères à soupe d'huile d'olive
- 1/2 cuillère à café de sel
- 1/4 cuillère à café de poivre noir

Préparation :

1. Dans un bol, mélangez les frites de betteraves avec l'huile d'olive, le sel et le poivre noir.

2. Placez les frites dans la friteuse à air chaud et faites cuire à 200°C pendant 15-18 minutes jusqu'à ce qu'elles soient dorées et croustillantes.

Frites de patates

Ingrédients : 4 personnes

- 2 grosses pommes de terre, coupées en frites
- 2 cuillères à soupe d'huile d'olive
- 1/2 cuillère à café de sel
- 1/4 cuillère à café de poivre noir

Préparation :

1. Dans un bol, mélangez les frites de pommes de terre avec l'huile d'olive, le sel et le poivre noir.

2. Placez les frites dans la friteuse à air chaud et faites cuire à 200°C pendant 12-15 minutes jusqu'à ce qu'elles soient dorées et croustillantes.

Frites de patates et de carottes

Ingrédients : 4 personnes

- 1 grosse patate, coupée en frites
- 2 carottes, coupées en frites
- 2 cuillères à soupe d'huile d'olive
- 1/2 cuillère à café de sel
- 1/4 cuillère à café de poivre noir

Préparation :

1. Dans un bol, mélangez les frites de patate et de carottes avec l'huile d'olive, le sel et le poivre noir.

2. Placez les frites dans la friteuse à air chaud et faites cuire à 200°C pendant 15-18 minutes jusqu'à ce qu'elles soient dorées et croustillantes.

Frites d'aubergines

Ingrédients : 4 personnes

- 2 aubergines, coupées en frites
- 2 cuillères à soupe d'huile d'olive
- 1/2 cuillère à café de sel
- 1/4 cuillère à café de poivre noir

Préparation :

1. Dans un bol, mélangez les frites d'aubergines avec l'huile d'olive, le sel et le poivre noir.

2. Placez les frites dans la friteuse à air chaud et faites cuire à 200°C pendant 12-15 minutes jusqu'à ce qu'elles soient dorées et croustillantes.

Frites de navets

Ingrédients : 4 personnes

- 2 navets, coupés en frites
- 2 cuillères à soupe d'huile d'olive
- 1/2 cuillère à café de sel
- 1/4 cuillère à café de poivre noir

Préparation :

1. Dans un bol, mélangez les frites de navets avec l'huile d'olive, le sel et le poivre noir.

2. Placez les frites dans la friteuse à air chaud et faites cuire à 200°C pendant 15-18 minutes jusqu'à ce qu'elles soient dorées et croustillantes.

Frites de potimarron

Ingrédients : 4 personnes

- 1 potimarron, coupé en frites
- 2 cuillères à soupe d'huile d'olive
- 1/2 cuillère à café de sel
- 1/4 cuillère à café de poivre noir

Préparation :

1. Dans un bol, mélangez les frites de potimarron avec l'huile d'olive, le sel et le poivre noir.

2. Placez les frites dans la friteuse à air chaud et faites cuire à 200°C pendant 12-15 minutes jusqu'à ce qu'elles soient dorées et croustillantes.

Frites de chou-fleur

Ingrédients : 4 personnes

- 1 petit chou-fleur, coupé en frites
- 2 cuillères à soupe d'huile d'olive
- 1/2 cuillère à café de sel
- 1/4 cuillère à café de poivre noir

Préparation :

1. Dans un bol, mélangez les frites de chou-fleur avec l'huile d'olive, le sel et le poivre noir.

2. Placez les frites dans la friteuse à air chaud et faites cuire à 200°C pendant 10-12 minutes jusqu'à ce qu'elles soient dorées et croustillantes.

Frites de brocoli

Ingrédients : 4 personnes

- 1 brocoli, coupé en frites
- 2 cuillères à soupe d'huile d'olive
- 1/2 cuillère à café de sel
- 1/4 cuillère à café de poivre noir

Préparation :

1. Dans un bol, mélangez les frites de brocoli avec l'huile d'olive, le sel et le poivre noir.

2. Placez les frites dans la friteuse à air chaud et faites cuire à 200°C pendant 8-10 minutes jusqu'à ce qu'elles soient dorées et croustillantes.

Frites de patates et d'oignons

Ingrédients : 4 personnes

- 2 grosses pommes de terre, coupées en frites
- 1 oignon, coupé en frites
- 2 cuillères à soupe d'huile d'olive
- 1/2 cuillère à café de sel
- 1/4 cuillère à café de poivre noir

Préparation :

1. Dans un bol, mélangez les frites de pommes de terre et d'oignons avec l'huile d'olive, le sel et le poivre noir.

2. Placez les frites dans la friteuse à air chaud et faites cuire à 200°C pendant 12-15 minutes jusqu'à ce qu'elles soient dorées et croustillantes.

Frites de patates et de champignons

Ingrédients : 4 personnes

- 2 grosses pommes de terre, coupées en frites
- 8 champignons, coupés en quartiers
- 2 cuillères à soupe d'huile d'olive
- 1/2 cuillère à café de sel
- 1/4 cuillère à café de poivre noir

Préparation :

1. Dans un bol, mélangez les frites de pommes de terre et les champignons avec l'huile d'olive, le sel et le poivre noir.

2. Placez les frites dans la friteuse à air chaud et faites cuire à 200°C pendant 12-15 minutes jusqu'à ce qu'elles soient dorées et croustillantes.

Frites de poivrons

Ingrédients : 4 personnes

- 2 poivrons, coupés en frites
- 2 cuillères à soupe d'huile d'olive
- 1/2 cuillère à café de sel
- 1/4 cuillère à café de poivre noir

Préparation :

1. Dans un bol, mélangez les frites de poivrons avec l'huile d'olive, le sel et le poivre noir.

2. Placez les frites dans la friteuse à air chaud et faites cuire à 200°C pendant 8-10 minutes jusqu'à ce qu'elles soient dorées et croustillantes.

Frites de courgettes et d'oignons

Ingrédients : 4 personnes

- 2 courgettes, coupées en frites
- 1 oignon, coupé en frites
- 2 cuillères à soupe d'huile d'olive
- 1/2 cuillère à café de sel
- 1/4 cuillère à café de poivre noir

Préparation :

1. Dans un bol, mélangez les frites de courgettes et d'oignons avec l'huile d'olive, le sel et le poivre noir.

2. Placez les frites dans la friteuse à air chaud et faites cuire à 200°C pendant 12-15 minutes jusqu'à ce qu'elles soient dorées et croustillantes.

Frites de patates douces et de chou-fleur

Ingrédients : 4 personnes

- 1 grosse patate douce, coupée en frites
- 1/2 tête de chou-fleur, coupée en petits bouquets
- 2 cuillères à soupe d'huile d'olive
- 1/2 cuillère à café de sel
- 1/4 cuillère à café de poivre noir

Préparation :

1. Dans un bol, mélangez les frites de patates douces et les bouquets de chou-fleur avec l'huile d'olive, le sel et le poivre noir.
2. Placez les frites dans la friteuse à air chaud et faites cuire à 200°C pendant 15-18 minutes jusqu'à ce qu'elles soient dorées et croustillantes.

Frites de patates douces à la cannelle

Ingrédients : 4 personnes

- 2 grosses patates douces, coupées en frites
- 2 cuillères à soupe d'huile d'olive
- 1 cuillère à café de cannelle
- 1/2 cuillère à café de sel

Préparation :

1. Dans un bol, mélangez les frites de patates douces avec l'huile d'olive, la cannelle et le sel.

2. Placez les frites dans la friteuse à air chaud et faites cuire à 200°C pendant 12-15 minutes jusqu'à ce qu'elles soient dorées et croustillantes.

3. Saupoudrez de cannelle supplémentaire et servez chaud.

Plats principaux de viande et de volaille

Poulet frit croustillant

Ingrédients : 4 personnes

- 4 cuisses de poulet
- 1 tasse de farine
- 1 cuillère à soupe de paprika
- 1 cuillère à soupe d'ail en poudre
- 1 cuillère à soupe de sel
- 1 cuillère à café de poivre
- 2 œufs battus
- 2 tasses de chapelure panko

Préparation :

1. Dans un bol, mélangez la farine, le paprika, l'ail en poudre, le sel et le poivre.

2. Dans un autre bol, battez les œufs.

3. Dans un troisième bol, mettez la chapelure panko.

4. Roulez les cuisses de poulet dans la farine assaisonnée, puis trempez-les dans les œufs battus et enfin enrobez-les de chapelure panko.

5. Placez les cuisses de poulet dans la friteuse à air chaud et faites cuire à 200°C pendant 20-25 minutes jusqu'à ce qu'elles soient dorées et croustillantes.

Porc épicé croustillant

Ingrédients : 4 personnes

- 500g de porc haché
- 1/2 tasse de chapelure panko
- 1/4 tasse de sauce soja
- 1 cuillère à soupe de miel
- 1 cuillère à soupe de sauce sriracha
- 1 cuillère à café d'ail en poudre
- 1/4 cuillère à café de sel
- 1/4 cuillère à café de poivre

Préparation :

1. Dans un bol, mélangez le porc haché, la chapelure panko, la sauce soja, le miel, la sauce sriracha, l'ail en poudre, le sel et le poivre.

2. Formez des boulettes de porc de taille moyenne.

3. Placez les boulettes de porc dans la friteuse à air chaud et faites cuire à 200°C pendant 15-18 minutes jusqu'à ce qu'elles soient dorées et croustillantes.

Côtelettes de porc croustillantes

Ingrédients : 4 personnes

- 4 côtelettes de porc
- 1 tasse de farine
- 1 cuillère à soupe de paprika
- 1 cuillère à soupe d'ail en poudre
- 1 cuillère à soupe de sel
- 1 cuillère à café de poivre
- 2 œufs battus
- 2 tasses de chapelure panko

Préparation :

1. Dans un bol, mélangez la farine, le paprika, l'ail en poudre, le sel et le poivre.
2. Dans un autre bol, battez les œufs.
3. Dans un troisième bol, mettez la chapelure panko.
4. Roulez les côtelettes de porc dans la farine assaisonnée, puis trempez-les dans les œufs battus et enfin enrobez-les de chapelure panko
5. Placez les côtelettes de porc dans la friteuse à air chaud et faites cuire à 200°C pendant 20-25 minutes jusqu'à ce qu'elles soient dorées et croustillantes.

Poulet au parmesan

Ingrédients : 4 personnes

- 4 poitrines de poulet
- 1 tasse de chapelure panko
- 1/2 tasse de parmesan râpé
- 1 cuillère à soupe de basilic séché
- 1 cuillère à soupe d'ail en poudre
- 1/2 cuillère à café de sel
- 1/2 cuillère à café de poivre
- 2 œufs battus

Préparation :

1. Dans un bol, mélangez la chapelure panko, le parmesan râpé, le basilic séché, l'ail en poudre, le sel et le poivre.

2. Dans un autre bol, battez les œufs.

3. Roulez les poitrines de poulet dans le mélange de chapelure, puis trempez-les dans les œufs battus et enrobez-les à nouveau de chapelure.

4. Placez les poitrines de poulet dans la friteuse à air chaud et faites cuire à 200°C pendant 15-18 minutes jusqu'à ce qu'elles soient dorées et croustillantes.

Côtelettes de veau croustillantes

Ingrédients : 4 personnes

- 4 côtelettes de veau
- 1 tasse de farine
- 1 cuillère à soupe de paprika
- 1 cuillère à soupe d'ail en poudre
- 1 cuillère à soupe de sel
- 1 cuillère à café de poivre
- 2 œufs battus
- 2 tasses de chapelure panko

Préparation :

1. Dans un bol, mélangez la farine, le paprika, l'ail en poudre, le sel et le poivre.

2. Dans un autre bol, battez les œufs.

3. Dans un troisième bol, mettez la chapelure panko.

4. Roulez les côtelettes de veau dans la farine assaisonnée, puis trempez-les dans les œufs battus et enfin enrobez-les de chapelure panko.

5. Placez les côtelettes de veau dans la friteuse à air chaud et faites cuire à 200°C pendant 20-25 minutes jusqu'à ce qu'elles soient dorées et croustillantes.

Ailes de poulet épicées

Ingrédients : 4 personnes

- 1 kg d'ailes de poulet
- 2 cuillères à soupe de sauce soja
- 2 cuillères à soupe de miel
- 1 cuillère à soupe de vinaigre de cidre
- 1 cuillère à soupe de sauce sriracha
- 1 cuillère à soupe d'ail en poudre
- 1/2 cuillère à café de sel
- 1/4 cuillère à café de poivre noir

Préparation :

1. Dans un bol, mélangez la sauce soja, le miel, le vinaigre de cidre, la sauce sriracha, l'ail en poudre, le sel et le poivre noir.
2. Ajoutez les ailes de poulet dans le bol et mélangez bien pour les enrober de marinade.

3. Laissez mariner pendant au moins 30 minutes, ou toute une nuit au réfrigérateur pour plus de saveur.

4. Placez les ailes de poulet dans la friteuse à air chaud et faites cuire à 200°C pendant 20-25 minutes jusqu'à ce qu'elles soient dorées et croustillantes.

Steak de bœuf croustillant

Ingrédients : 4 personnes

- 4 steaks de boeuf
- 1/2 tasse de chapelure panko
- 1/4 tasse de parmesan râpé
- 1 cuillère à soupe d'ail en poudre
- 1/2 cuillère à café de sel
- 1/4 cuillère à café de poivre noir
- 2 œufs battus

Préparation :

1. Dans un bol, mélangez la chapelure panko, le parmesan râpé, l'ail en poudre, le sel et le poivre noir.

2. Dans un autre bol, battez les œufs.

3. Roulez les steaks de boeuf dans le mélange de chapelure, puis trempez-les dans les œufs battus et enrobez-les à nouveau de chapelure.

4. Placez les steaks de boeuf dans la friteuse à air chaud et faites cuire à 200°C pendant 10-12 minutes pour une cuisson à point.

Brochettes de poulet marinées

Ingrédients : 4 personnes

- 500g de filets de poulet, coupés en cubes
- 1/4 tasse de sauce soja
- 1/4 tasse d'huile d'olive
- 2 cuillères à soupe de miel
- 1 cuillère à soupe de jus de citron
- 1 cuillère à soupe d'ail haché
- 1/2 cuillère à café de sel
- 1/4 cuillère à café de poivre noir
- Brochettes en bois

Préparation :

1. Dans un bol, mélangez la sauce soja, l'huile d'olive, le miel, le jus de citron, l'ail haché, le sel et le poivre noir.
2. Ajoutez les cubes de poulet dans le bol et mélangez bien pour les enrober de marinade.
3. Laissez mariner pendant au moins 30 minutes, ou toute une nuit au réfrigérateur pour plus de saveur.
4. Enfilez les cubes de poulet marinés sur les brochettes en bois.
5. Placez les brochettes de poulet dans la friteuse à air chaud et faites cuire à 200°C pendant 10-12 minutes jusqu'à ce qu'ils soient bien dorés et cuits.

Burger de bœuf à la friteuse à air chaud

Ingrédients : 4 personnes

- 500g de viande de bœuf hachée
- 1/2 tasse de chapelure panko
- 1/4 tasse de lait
- 1 œuf battu
- 1 cuillère à soupe de moutarde de Dijon
- 1 cuillère à soupe d'ail haché
- 1/2 cuillère à café de sel
- 1/4 cuillère à café de poivre noir

Préparation :

1. Dans un bol, mélangez la viande de bœuf hachée, la chapelure panko, le lait, l'œuf battu, la moutarde de Dijon, l'ail haché, le sel et le poivre noir.

2. Formez des galettes de viande de bœuf de taille moyenne.

3. Placez les galettes de viande de bœuf dans la friteuse à air chaud et faites cuire à 200°C pendant 8-10 minutes jusqu'à ce qu'elles soient cuites à votre goût.

Brochettes de porc grillées

Ingrédients : 4 personnes

- 500g de porc haché
- 1/4 tasse de sauce soja
- 2 cuillères à soupe de miel
- 1 cuillère à soupe de jus de citron
- 1 cuillère à soupe d'ail haché
- 1/2 cuillère à café de sel
- 1/4 cuillère à café de poivre noir
- Brochettes en bois

Préparation :

1. Dans un bol, mélangez la sauce soja, le miel, le jus de citron, l'ail haché, le sel et le poivre noir.

2. Ajoutez le porc haché dans le bol et mélangez bien pour l'enrober de marinade.

3. Laissez mariner pendant au moins 30 minutes, ou toute une nuit au réfrigérateur pour plus de saveur.

4. Enfilez le porc mariné sur les brochettes en bois.

5. Placez les brochettes de porc dans la friteuse à air chaud et faites cuire à 200°C pendant 10-12 minutes jusqu'à ce qu'elles soient bien dorées et cuites.

Poulet croustillant au parmesan

Ingrédients : 4 personnes

- 4 poitrines de poulet
- 1 tasse de farine
- 2 œufs battus
- 2 tasses de chapelure panko
- 1/2 tasse de parmesan râpé
- 1 cuillère à soupe de basilic séché
- 1 cuillère à soupe d'ail en poudre
- 1/2 cuillère à café de sel
- 1/4 cuillère à café de poivre noir

Préparation :

1. Dans un bol, mélangez la farine, le sel et le poivre noir.
2. Dans un autre bol, battez les œufs.
3. Dans un troisième bol, mettez la chapelure panko, le parmesan râpé, le basilic séché, l'ail en poudre, le sel et le poivre noir.
4. Roulez les poitrines de poulet dans la farine assaisonnée, puis trempez-les dans les œufs battus et enfin enrobez-les de chapelure panko.
5. Placez les poitrines de poulet dans la friteuse à air chaud et faites cuire à 200°C pendant 15-18 minutes jusqu'à ce qu'elles soient bien dorées et croustillantes.

Rôti de porc croustillant

Ingrédients : 4 personnes

- 1 rôti de porc (environ 1 kg)
- 1 cuillère à soupe d'huile d'olive
- 1 cuillère à soupe de romarin séché
- 1 cuillère à soupe d'ail en poudre
- 1/2 cuillère à café de sel
- 1/4 cuillère à café de poivre noir

Préparation :

1. Dans un bol, mélangez l'huile d'olive, le romarin séché, l'ail en poudre, le sel et le poivre noir.

2. Badigeonnez le rôti de porc avec le mélange d'huile d'olive.

3. Placez le rôti de porc dans la friteuse à air chaud et faites cuire à 200°C pendant 45-50 minutes jusqu'à ce qu'il soit bien doré et croustillant à l'extérieur et cuit à l'intérieur.

Poulet frit croustillant

Ingrédients : 4 personnes

- 500g de filets de poulet
- 1 tasse de farine
- 2 cuillères à soupe de paprika
- 1 cuillère à soupe d'ail en poudre
- 1 cuillère à soupe de sel
- 1/2 cuillère à café de poivre noir
- 2 œufs battus
- 2 tasses de chapelure panko

Préparation :

1. Dans un bol, mélangez la farine, le paprika, l'ail en poudre, le sel et le poivre noir.

2. Dans un autre bol, battez les œufs.

3. Dans un troisième bol, mettez la chapelure panko.

4. Roulez les filets de poulet dans la farine assaisonnée, puis trempez-les dans les œufs battus et enfin enrobez-les de chapelure panko.

5. Placez les filets de poulet dans la friteuse à air chaud et faites cuire à 200°C pendant 15-18 minutes jusqu'à ce qu'ils soient bien dorés et croustillants.

Côtes levées croustillantes

Ingrédients : 4 personnes

- 1 kg de côtes levées de porc
- 1/4 tasse de sauce soja
- 2 cuillères à soupe de miel
- 1 cuillère à soupe de vinaigre de cidre
- 1 cuillère à soupe d'ail en poudre
- 1/2 cuillère à café de sel
- 1/4 cuillère à café de poivre noir

Préparation :

1. Dans un bol, mélangez la sauce soja, le miel, le vinaigre de cidre, l'ail en poudre, le sel et le poivre noir.
2. Ajoutez les côtes levées de porc dans le bol et mélangez bien pour les enrober de marinade.
3. Laissez mariner pendant au moins 30 minutes, ou toute une nuit au réfrigérateur pour plus de saveur.
4. Placez les côtes levées de porc dans la friteuse à air chaud et faites cuire à 200°C pendant 30-35 minutes jusqu'à ce qu'elles soient bien dorées et croustillantes.

Boulettes de viande croustillantes

Ingrédients : 4 personnes

- 500g de viande de boeuf hachée
- 1/2 tasse de chapelure panko
- 1/4 tasse de parmesan râpé
- 1 cuillère à soupe d'ail en poudre
- 1/2 cuillère à café de sel
- 1/4 cuillère à café de poivre noir
- 2 œufs battus

Préparation :

1. Dans un bol, mélangez la viande de boeuf hachée, la chapelure panko, le parmesan râpé, l'ail en poudre, le sel et le poivre noir.

2. Formez des boulettes de viande de taille moyenne.

3. Trempez les boulettes de viande dans les œufs battus, puis roulez-les à nouveau dans la chapelure panko.

4. Placez les boulettes de viande dans la friteuse à air chaud et faites cuire à 200°C pendant 15-18 minutes jusqu'à ce qu'elles soient bien dorées et cuites.

Steak de dinde croustillant

Ingrédients : 4 personnes

- 4 steaks de dinde
- 1/2 tasse de chapelure panko
- 1/4 tasse de parmesan râpé
- 1 cuillère à soupe d'ail en poudre
- 1/2 cuillère à café de sel
- 1/4 cuillère à café de poivre noir
- 2 œufs battus

Préparation :

1. Dans un bol, mélangez la chapelure panko, le parmesan râpé, l'ail en poudre, le sel et le poivre noir.

2. Dans un autre bol, battez les œufs.

3. Roulez les steaks de dinde dans le mélange de chapelure, puis trempez-les dans les œufs battus et enrobez-les à nouveau de chapelure.

4. Placez les steaks de dinde dans la friteuse à air chaud et faites cuire à 200°C pendant 10-12 minutes pour une cuisson à point.

Côtelettes de porc croustillantes

Ingrédients : 4 personnes

- 4 côtelettes de porc
- 1 tasse de farine
- 2 œufs battus
- 2 tasses de chapelure panko
- 1 cuillère à soupe d'ail en poudre
- 1/2 cuillère à café de sel
- 1/4 cuillère à café de poivre noir

Préparation :

1. Dans un bol, mélangez la farine, le sel et le poivre noir.
2. Dans un autre bol, battez les œufs.
3. Dans un troisième bol, mettez la chapelure panko et l'ail en poudre.
4. Roulez les côtelettes de porc dans la farine assaisonnée, puis trempez-les dans les œufs battus et enrobez-les de chapelure panko.
5. Placez les côtelettes de porc dans la friteuse à air chaud et faites cuire à 200°C pendant 12-15 minutes jusqu'à ce qu'elles soient bien dorées et croustillantes.

Rôti de bœuf croustillant

Ingrédients : 4 personnes

- 1 rôti de bœuf (environ 1 kg)
- 1 cuillère à soupe d'huile d'olive
- 1 cuillère à soupe de romarin séché
- 1 cuillère à soupe d'ail en poudre
- 1/2 cuillère à café de sel
- 1/4 cuillère à café de poivre noir

Préparation :

1. Dans un bol, mélangez l'huile d'olive, le romarin séché, l'ail en poudre, le sel et le poivre noir.

2. Badigeonnez le rôti de boeuf avec le mélange d'huile d'olive.

3. Placez le rôti de boeuf dans la friteuse à air chaud et faites cuire à 200°C pendant 45-50 minutes jusqu'à ce qu'il soit bien doré et croustillant à l'extérieur et cuit à l'intérieur.

Escalopes de poulet croustillantes

Ingrédients : 4 personnes

- 4 escalopes de poulet
- 1 tasse de farine
- 2 œufs battus
- 2 tasses de chapelure panko
- 1 cuillère à soupe d'ail en poudre
- 1/2 cuillère à café de sel
- 1/4 cuillère à café de poivre noir

Préparation :

1. Dans un bol, mélangez la farine, le sel et le poivre noir.

2. Dans un autre bol, battez les œufs.

3. Dans un troisième bol, mettez la chapelure panko et l'ail en poudre.

4. Roulez les escalopes de poulet dans la farine assaisonnée, puis trempez-les dans les œufs battus et enrobez-les de chapelure panko.

5. Placez les escalopes de poulet dans la friteuse à air chaud et faites cuire à 200°C pendant 10-12 minutes jusqu'à ce qu'elles soient bien dorées et croustillantes.

Rôti de veau croustillant

Ingrédients : 4 personnes

- 1 rôti de veau (environ 1 kg)
- 1 cuillère à soupe d'huile d'olive
- 1 cuillère à soupe de thym séché
- 1 cuillère à soupe d'ail en poudre
- 1/2 cuillère à café de sel
- 1/4 cuillère à café de poivre noir

Préparation :

1. Dans un bol, mélangez l'huile d'olive, le thym séché, l'ail en poudre, le sel et le poivre noir.

2. Badigeonnez le rôti de veau avec le mélange d'huile d'olive.

3. Placez le rôti de veau dans la friteuse à air chaud et faites cuire à 200°C pendant 45-50 minutes jusqu'à ce qu'il soit bien doré et croustillant à l'extérieur et cuit à l'intérieur.

Poissons et fruits de mer

Filets de poisson croustillants

Ingrédients : 4 personnes

- 500g de filets de poisson blanc
- 1 tasse de farine
- 2 œufs battus
- 2 tasses de chapelure panko
- 1 cuillère à soupe d'ail en poudre
- 1/2 cuillère à café de sel
- 1/4 cuillère à café de poivre noir

Préparation :

1. Dans un bol, mélangez la farine, le sel et le poivre noir.

2. Dans un autre bol, battez les œufs.

3. Dans un troisième bol, mettez la chapelure panko et l'ail en poudre.

4. Roulez les filets de poisson dans la farine assaisonnée, puis trempez-les dans les œufs battus et enrobez-les de chapelure panko.

5. Placez les filets de poisson dans la friteuse à air chaud et faites cuire à 200°C pendant 10-12 minutes jusqu'à ce qu'ils soient bien dorés et croustillants.

Calamars croustillants

Ingrédients : 4 personnes

- 500g de calmars
- 1 tasse de farine
- 2 œufs battus
- 2 tasses de chapelure panko
- 1 cuillère à soupe d'ail en poudre
- 1/2 cuillère à café de sel
- 1/4 cuillère à café de poivre noir

Préparation :

1. Nettoyez les calmars et coupez-les en rondelles.

2. Dans un bol, mélangez la farine, le sel et le poivre noir.

3. Dans un autre bol, battez les œufs.

4. Dans un troisième bol, mettez la chapelure panko et l'ail en poudre.

5. Roulez les rondelles de calmars dans la farine assaisonnée, puis trempez-les dans les œufs battus et enrobez-les de chapelure panko.

6. Placez les rondelles de calmars dans la friteuse à air chaud et faites cuire à 200°C pendant 5-6 minutes jusqu'à ce qu'elles soient bien dorées et croustillantes.

Gambas croustillantes

Ingrédients : 4 personnes

- 500g de gambas
- 1 tasse de farine
- 2 œufs battus
- 2 tasses de chapelure panko
- 1 cuillère à soupe d'ail en poudre
- 1/2 cuillère à café de sel
- 1/4 cuillère à café de poivre noir

Préparation :

1. Nettoyez les gambas et enlevez la tête et la carapace, mais laissez la queue.
2. Dans un bol, mélangez la farine, le sel et le poivre noir.
3. Dans un autre bol, battez les œufs.
4. Dans un troisième bol, mettez la chapelure panko et l'ail en poudre.
5. Roulez les gambas dans la farine assaisonnée, puis trempez-les dans les œufs battus et enrobez-les de chapelure panko.
6. Placez les gambas dans la friteuse à air chaud et faites cuire à 200°C pendant 5-6 minutes jusqu'à ce qu'elles soient bien dorées et croustillantes.

Nuggets de poisson croustillants

Ingrédients : 4 personnes

- 500g de filets de poisson blanc
- 1/2 tasse de chapelure panko
- 1/4 tasse de parmesan râpé
- 1 cuillère à soupe d'ail en poudre
- 1/2 cuillère à café de sel
- 1/4 cuillère à café de poivre noir
- 2 œufs battus

Préparation :

1. Dans un bol, mélangez la chapelure panko, le parmesan râpé, l'ail en poudre, le sel et le poivre noir.

2. Dans un autre bol, battez les œufs.

3. Coupez les filets de poisson en morceaux de taille moyenne.

4. Trempez les morceaux de poisson dans les œufs battus, puis roulez-les dans le mélange de chapelure.

5. Placez les nuggets de poisson dans la friteuse à air chaud et faites cuire à 200°C pendant 10-12 minutes jusqu'à ce qu'ils soient bien dorés et croustillants.

Crevettes croustillantes au coco

Ingrédients : 4 personnes

- 500g de crevettes décortiquées
- 1/2 tasse de farine de coco
- 2 œufs battus
- 2 tasses de noix de coco râpée
- 1 cuillère à soupe de paprika
- 1/2 cuillère à café de sel

Préparation :

1. Dans un bol, mélangez la farine de coco, le paprika et le sel.

2. Dans un autre bol, battez les œufs.

3. Dans un troisième bol, mettez la noix de coco râpée.

4. Roulez les crevettes dans le mélange de farine de coco, puis trempez-les dans les œufs battus et enrobez-les de noix de coco râpée.

5. Placez les crevettes dans la friteuse à air chaud et faites cuire à 200°C pendant 5-6 minutes jusqu'à ce qu'elles soient bien dorées et croustillantes.

Filets de saumon croustillants

Ingrédients : 4 personnes

- 500g de filets de saumon
- 1 tasse de farine
- 2 œufs battus
- 2 tasses de chapelure panko
- 1 cuillère à soupe d'ail en poudre
- 1/2 cuillère à café de sel
- 1/4 cuillère à café de poivre noir

Préparation :

1. Dans un bol, mélangez la farine, le sel et le poivre noir.
2. Dans un autre bol, battez les œufs.
3. Dans un troisième bol, mettez la chapelure panko et l'ail en poudre.
4. Coupez les filets de saumon en morceaux de taille moyenne.
5. Roulez les morceaux de saumon dans la farine assaisonnée, puis trempez-les dans les œufs battus et enrobez-les de chapelure panko.
6. Placez les morceaux de saumon dans la friteuse à air chaud et faites cuire à 200°C pendant 8-10 minutes jusqu'à ce qu'ils soient bien dorés et croustillants.

Fruits de mer croustillants

Ingrédients : 4 personnes

- 500g de fruits de mer mélangés (crevettes, calmars, moules, etc.)
- 1 tasse de farine
- 2 œufs battus
- 2 tasses de chapelure panko
- 1 cuillère à soupe d'ail en poudre
- 1/2 cuillère à café de sel
- 1/4 cuillère à café de poivre noir

Préparation :

1. Nettoyez les fruits de mer et enlevez les coquilles si nécessaire.

2. Dans un bol, mélangez la farine, le sel et le poivre noir.

3. Dans un autre bol, battez les œufs.

4. Dans un troisième bol, mettez la chapelure panko et l'ail en poudre.

5. Roulez les fruits de mer dans la farine assaisonnée, puis trempez-les dans les œufs battus et enrobez-les de chapelure panko.

6. Placez les fruits de mer dans la friteuse à air chaud et faites cuire à 200°C pendant 5-6 minutes jusqu'à ce qu'ils soient bien dorés et croustillants.

Tacos de poisson croustillants

Ingrédients : 4 personnes

- 500g de filets de poisson blanc
- 1 tasse de farine de maïs
- 1 cuillère à soupe de paprika
- 1/2 cuillère à café de sel
- 1/4 cuillère à café de poivre noir
- 1 tasse de lait
- 1 tasse de chapelure panko
- 2 cuillères à soupe d'huile d'olive

Préparation :

1. Dans un bol, mélangez la farine de maïs, le paprika, le sel et le poivre noir.
2. Dans un autre bol, battez le lait.
3. Dans un troisième bol, mettez la chapelure panko.
4. Coupez les filets de poisson en morceaux de taille moyenne.
5. Roulez les morceaux de poisson dans le mélange de farine de maïs, puis trempez-les dans le lait et enrobez-les de chapelure panko.
6. Placez les morceaux de poisson dans la friteuse à air chaud et faites cuire à 200°C pendant 8-10 minutes jusqu'à ce qu'ils soient bien dorés et croustillants.
7. Servez les morceaux de poisson dans des tortillas de maïs avec de la laitue, de la salsa et de la crème fraîche.

Beignets de crevettes croustillants

Ingrédients : 4 personnes

- 500g de crevettes décortiquées
- 1 tasse de farine
- 1 tasse de bière blonde
- 2 cuillères à soupe de paprika
- 1/2 cuillère à café de sel
- 1/4 cuillère à café de poivre noir
- 2 tasses de chapelure panko

Préparation :

1. Dans un bol, mélangez la farine, le paprika, le sel et le poivre noir.

2. Ajoutez la bière blonde en mélangeant bien jusqu'à obtenir une pâte lisse.

3. Dans un autre bol, mettez la chapelure panko.

4. Trempez les crevettes dans la pâte à beignets, puis enrobez-les de chapelure panko.

5. Placez les crevettes dans la friteuse à air chaud et faites cuire à 200°C pendant 5-6 minutes jusqu'à ce qu'elles soient bien dorées et croustillantes.

Brochettes de crevettes et de légumes croustillantes

Ingrédients : 4 personnes

- 500g de crevettes décortiquées
- 1 courgette coupée en morceaux
- 1 poivron coupé en morceaux
- 1 oignon coupé en morceaux
- 2 cuillères à soupe d'huile d'olive
- 1/2 cuillère à café de sel
- 1/4 cuillère à café de poivre noir
- 2 tasses de chapelure panko

Préparation :

1. Préchauffez la friteuse à air chaud à 200°C.
2. Enfilez les crevettes, les morceaux de courgette, de poivron et d'oignon sur des brochettes.
3. Badigeonnez les brochettes d'huile d'olive et saupoudrez-les de sel et de poivre noir.
4. Roulez les brochettes dans la chapelure panko en appuyant légèrement pour faire adhérer.
5. Placez les brochettes dans la friteuse à air chaud et faites cuire pendant 10-12 minutes jusqu'à ce qu'elles soient bien dorées et croustillantes.

Frites de patates douces croustillantes aux crevettes

Ingrédients : 4 personnes

- 500g de crevettes décortiquées
- 2 patates douces coupées en frites
- 2 cuillères à soupe d'huile d'olive
- 1/2 cuillère à café de sel
- 1/4 cuillère à café de poivre noir
- 2 tasses de chapelure panko

Préparation :

1. Préchauffez la friteuse à air chaud à 200°C.
2. Dans un grand bol, mélangez les frites de patates douces, l'huile d'olive, le sel et le poivre noir.
3. Roulez les frites dans la chapelure panko, en appuyant légèrement pour faire adhérer.
4. Placez les frites dans la friteuse à air chaud et faites cuire pendant 10-12 minutes jusqu'à ce qu'elles soient bien dorées et croustillantes.
5. Ajoutez les crevettes dans la friteuse à air chaud et faites cuire pendant 5-6 minutes supplémentaires jusqu'à ce qu'elles soient bien dorées et croustillantes.

Moules croustillantes à la bière

Ingrédients : 4 personnes

- 1kg de moules
- 1 tasse de farine
- 1 tasse de bière blonde
- 2 tasses de chapelure panko
- 1 cuillère à soupe de paprika
- 1/2 cuillère à café de sel
- 1/4 cuillère à café de poivre noir

Préparation :

1. Dans un bol, mélangez la farine, le paprika, le sel et le poivre noir.

2. Ajoutez la bière blonde en mélangeant bien jusqu'à obtenir une pâte lisse.

3. Dans un autre bol, mettez la chapelure panko.

4. Nettoyez les moules et enlevez les barbes.

5. Trempez les moules dans la pâte à beignets, puis enrobez-les de chapelure panko.

6. Placez les moules dans la friteuse à air chaud et faites cuire à 200°C pendant 5-6 minutes jusqu'à ce qu'elles soient bien dorées et croustillantes.

Calmars croustillants

Ingrédients : 4 personnes

- 500g de calamars coupés en rondelles
- 1 tasse de farine
- 2 œufs battus
- 2 tasses de chapelure panko
- 1 cuillère à soupe d'ail en poudre
- 1/2 cuillère à café de sel
- 1/4 cuillère à café de poivre noir

Préparation :

1. Dans un bol, mélangez la farine, l'ail en poudre, le sel et le poivre noir.

2. Dans un autre bol, battez les œufs.

3. Dans un troisième bol, mettez la chapelure panko.

4. Trempez les rondelles de calamar dans la farine assaisonnée, puis dans les œufs battus et enrobez-les de chapelure panko.

5. Placez les rondelles de calamar dans la friteuse à air chaud et faites cuire à 200°C pendant 5-6 minutes jusqu'à ce qu'elles soient bien dorées et croustillantes.

Filets de poisson au parmesan croustillants

Ingrédients : 4 personnes

- 500g de filets de poisson blanc
- 1 tasse de farine
- 2 œufs battus
- 2 tasses de chapelure panko
- 1/2 tasse de parmesan râpé
- 1 cuillère à soupe d'ail en poudre
- 1/2 cuillère à café de sel
- 1/4 cuillère à café de poivre noir

Préparation :

1. Dans un bol, mélangez la farine, le sel et le poivre noir.
2. Dans un autre bol, battez les œufs.
3. Dans un troisième bol, mettez la chapelure panko, le parmesan râpé et l'ail en poudre.
4. Roulez les filets de poisson dans la farine assaisonnée, puis trempez-les dans les œufs battus et enrobez-les de chapelure panko.
5. Placez les filets de poisson dans la friteuse à air chaud et faites cuire à 200°C pendant 8-10 minutes jusqu'à ce qu'ils soient bien dorés et croustillants.

Gambas croustillantes à l'ail

Ingrédients : 4 personnes

- 500g de gambas décortiquées
- 1 tasse de farine
- 2 œufs battus
- 2 tasses de chapelure panko
- 1 cuillère à soupe d'ail haché
- 1/2 cuillère à café de sel
- 1/4 cuillère à café de poivre noir

Préparation :

1. Dans un bol, mélangez la farine, l'ail haché, le sel et le poivre noir.

2. Dans un autre bol, battez les œufs.

3. Dans un troisième bol, mettez la chapelure panko.

4. Roulez les gambas dans la farine assaisonnée, puis trempez-les dans les œufs battus et enrobez-les de chapelure panko.

5. Placez les gambas dans la friteuse à air chaud et faites cuire à 200°C pendant 5-6 minutes jusqu'à ce qu'elles soient bien dorées et croustillantes.

Brochettes de saumon croustillantes

Ingrédients : 4 personnes

- 500g de filets de saumon
- 1 poivron rouge coupé en morceaux
- 1 oignon rouge coupé en morceaux
- 2 cuillères à soupe d'huile d'olive
- 1/2 cuillère à café de sel
- 1/4 cuillère à café de poivre noir
- 2 tasses de chapelure panko

Préparation :

1. Préchauffez la friteuse à air chaud à 200°C.

2. Enfilez les morceaux de saumon, de poivron et d'oignon sur des brochettes.

3. Badigeonnez les brochettes d'huile d'olive et saupoudrez-les de sel et de poivre noir.

4. Roulez les brochettes dans la chapelure panko en appuyant légèrement pour faire adhérer.

5. Placez les brochettes dans la friteuse à air chaud et faites cuire pendant 10-12 minutes jusqu'à ce qu'elles soient bien dorées et croustillantes.

Frites de patates douces croustillantes aux crevettes et au chorizo

Ingrédients : 4 personnes

- 500g de crevettes décortiquées
- 2 patates douces coupées en frites
- 100g de chorizo coupé en petits dés
- 2 cuillères à soupe d'huile d'olive
- 1/2 cuillère à café de sel
- 1/4 cuillère à café de poivre noir
- 2 tasses de chapelure panko

Préparation :

1. Préchauffez la friteuse à air chaud à 200°C.
2. Dans un grand bol, mélangez les frites de patates douces, l'huile d'olive, le sel et le poivre noir.
3. Roulez les frites dans la chapelure panko, en appuyant légèrement pour faire adhérer.
4. Ajoutez les dés de chorizo dans le bol et mélangez bien.
5. Placez les frites dans la friteuse à air chaud et faites cuire pendant 10-12 minutes jusqu'à ce qu'elles soient bien dorées et croustillantes.
6. Ajoutez les crevettes dans la friteuse à air chaud et faites cuire pendant 5-6 minutes supplémentaires jusqu'à ce qu'elles soient bien dorées et croustillantes.

Croquettes de crabe croustillantes

Ingrédients : 4 personnes

- 500g de chair de crabe
- 1 tasse de chapelure panko
- 1/2 tasse de mayonnaise
- 1/4 tasse de ciboulette fraîche hachée
- 1/4 tasse d'oignon rouge haché
- 1 cuillère à soupe de moutarde de Dijon
- 1/2 cuillère à café de sel
- 1/4 cuillère à café de poivre noir

Préparation :

1. Dans un grand bol, mélangez la chair de crabe, la chapelure panko, la mayonnaise, la ciboulette fraîche hachée, l'oignon rouge haché, la moutarde de Dijon, le sel et le poivre noir.

2. Formez des croquettes de la taille d'une balle de golf et roulez-les dans la chapelure panko.

3. Placez les croquettes dans la friteuse à air chaud et faites cuire à 200°C pendant 5-6 minutes jusqu'à ce qu'elles soient bien dorées et croustillantes.

Beignets de crevettes à la noix de coco croustillants

Ingrédients : 4 personnes

- 500g de crevettes décortiquées
- 1 tasse de farine
- 2 œufs battus
- 2 tasses de chapelure panko
- 1 tasse de noix de coco râpée
- 1/2 cuillère à café de sel
- 1/4 cuillère à café de poivre noir

Préparation :

1. Dans un bol, mélangez la farine, le sel et le poivre noir.

2. Dans un autre bol, battez les œufs.

3. Dans un troisième bol, mélangez la chapelure panko et la noix de coco râpée.

4. Trempez les crevettes dans la farine assaisonnée, puis dans les œufs battus et enrobez-les de chapelure panko à la noix de coco.

5. Placez les crevettes dans la friteuse à air chaud et faites cuire à 200°C pendant 5-6 minutes jusqu'à ce qu'elles soient bien dorées et croustillantes.

Nuggets de poisson croustillants

Ingrédients : 4 personnes

- 500g de filets de poisson blanc
- 1 tasse de farine
- 2 œufs battus
- 2 tasses de chapelure panko
- 1 cuillère à soupe d'ail en poudre
- 1/2 cuillère à café de sel
- 1/4 cuillère à café de poivre noir

Préparation :

1. Dans un bol, mélangez la farine, l'ail en poudre, le sel et le poivre noir.
2. Dans un autre bol, battez les œufs.
3. Dans un troisième bol, mettez la chapelure panko.
4. Coupez les filets de poisson en morceaux de la taille d'un nugget.
5. Roulez les morceaux de poisson dans la farine assaisonnée, puis trempez-les dans les œufs battus et enrobez-les de chapelure panko.
6. Placez les nuggets de poisson dans la friteuse à air chaud et faites cuire à 200°C pendant 8-10 minutes jusqu'à ce qu'ils soient bien dorés et croustillants.

Tofu et recettes végétariennes

Tofu croustillant au sésame

Ingrédients : 4 personnes

- 500g de tofu ferme
- 1/2 tasse de farine
- 1 cuillère à café de sel
- 1/4 cuillère à café de poivre noir
- 2 cuillères à soupe d'huile de sésame
- 2 cuillères à soupe de sauce soja
- 1 cuillère à soupe de miel
- 1/4 tasse de graines de sésame

Préparation :

1. Coupez le tofu en cubes de taille moyenne.
2. Dans un bol, mélangez la farine, le sel et le poivre noir.
3. Roulez les cubes de tofu dans le mélange de farine assaisonnée.
4. Placez les cubes de tofu dans la friteuse à air chaud et faites cuire à 200°C pendant 10-12 minutes jusqu'à ce qu'ils soient bien dorés et croustillants.
5. Dans un bol, mélangez l'huile de sésame, la sauce soja et le miel.
6. Trempez les cubes de tofu dans le mélange de sauce soja et enrobez-les de graines de sésame.
7. Servez chaud.

Frites de patates douces croustillantes au tofu

Ingrédients : 4 personnes

- 2 patates douces coupées en frites
- 500g de tofu ferme coupé en cubes
- 2 cuillères à soupe d'huile d'olive
- 1/2 cuillère à café de sel
- 1/4 cuillère à café de poivre noir
- 2 tasses de chapelure panko

Préparation :

1. Préchauffez la friteuse à air chaud à 200°C.

2. Dans un grand bol, mélangez les frites de patates douces, l'huile d'olive, le sel et le poivre noir.

3. Roulez les cubes de tofu dans la chapelure panko.

4. Placez les frites de patates douces et les cubes de tofu dans la friteuse à air chaud et faites cuire pendant 10-12 minutes jusqu'à ce qu'ils soient bien dorés et croustillants.

Boulettes de falafel croustillantes

Ingrédients : 4 personnes

- 2 boîtes de pois chiches égouttés et rincés
- 1/2 tasse de persil frais haché
- 1/2 tasse de coriandre fraîche hachée
- 1 oignon rouge haché + 3 gousses d'ail hachées
- 1 cuillère à café de cumin en poudre
- 1 cuillère à café de sel
- 1/4 cuillère à café de poivre noir
- 1/2 tasse de farine de pois chiches
- 2 cuillères à soupe d'huile d'olive
- 2 tasses de chapelure panko

Préparation :

1. Dans un robot culinaire, mélangez les pois chiches, le persil, la coriandre, l'oignon rouge, l'ail, le cumin en poudre, le sel et le poivre noir jusqu'à obtenir une pâte lisse.
2. Formez des boulettes de la taille d'une balle de golf.
3. Dans un bol, mélangez la farine de pois chiches et 1/2 tasse d'eau pour faire une pâte épaisse.
4. Trempez les boulettes de falafel dans la pâte de farine de pois chiches, puis enrobez-les de chapelure panko.
5. Placez les boulettes de falafel dans la friteuse à air chaud et faites cuire à 200°C pendant 8-10 minutes jusqu'à ce qu'elles soient bien dorées et croustillantes.

Tofu croustillant aux épices cajun

Ingrédients : 4 personnes

- 500g de tofu ferme coupé en cubes
- 1/2 tasse de farine
- 1 cuillère à soupe d'épices cajun
- 1 cuillère à café de sel
- 1/4 cuillère à café de poivre noir
- 2 cuillères à soupe d'huile d'olive

Préparation :

1. Dans un bol, mélangez la farine, les épices cajun, le sel et le poivre noir.

2. Roulez les cubes de tofu dans le mélange de farine assaisonnée.

3. Placez les cubes de tofu dans la friteuse à air chaud et faites cuire à 200°C pendant 10-12 minutes jusqu'à ce qu'ils soient bien dorés et croustillants.

4. Arrosez les cubes de tofu de l'huile d'olive et remuez pour bien les enrober.

5. Servez chaud.

Tofu croustillant à la noix de coco et au curry

Ingrédients : 4 personnes

- 500g de tofu ferme coupé en cubes
- 1/2 tasse de farine
- 1/2 tasse de noix de coco râpée
- 2 cuillères à soupe de poudre de curry
- 1 cuillère à café de sel
- 1/4 cuillère à café de poivre noir
- 2 œufs battus

Préparation :

1. Dans un bol, mélangez la farine, la noix de coco râpée, la poudre de curry, le sel et le poivre noir.

2. Roulez les cubes de tofu dans le mélange de farine assaisonnée.

3. Trempez les cubes de tofu dans les œufs battus, puis enrobez-les de nouveau dans le mélange de farine assaisonnée.

4. Placez les cubes de tofu dans la friteuse à air chaud et faites cuire à 200°C pendant 10-12 minutes jusqu'à ce qu'ils soient bien dorés et croustillants.

5. Servez chaud.

Frites de patates douces croustillantes à la sauce aigre-douce

Ingrédients : 4 personnes

- 2 patates douces coupées en frites
- 1/2 tasse de farine de maïs
- 1/2 cuillère à café de sel
- 1/4 cuillère à café de poivre noir
- 2 cuillères à soupe d'huile d'olive
- 1/2 tasse de sauce aigre-douce

Préparation :

1. Préchauffez la friteuse à air chaud à 200°C.
2. Dans un grand bol, mélangez les frites de patates douces, la farine de maïs, le sel et le poivre noir.
3. Placez les frites de patates douces dans la friteuse à air chaud et faites cuire pendant 8-10 minutes jusqu'à ce qu'elles soient bien dorées et croustillantes.
4. Dans un petit bol, mélangez l'huile d'olive et la sauce aigre-douce.
5. Arrosez les frites de patates douces de la sauce aigre-douce et servez chaud.

Nuggets de tofu croustillants au Parmesan

Ingrédients : 4 personnes

- 500g de tofu ferme coupé en cubes
- 1/2 tasse de farine
- 1/2 tasse de parmesan râpé
- 1 cuillère à café de sel
- 1/4 cuillère à café de poivre noir
- 2 œufs battus
- 2 tasses de chapelure panko

Préparation :

1. Dans un bol, mélangez la farine, le parmesan râpé, le sel et le poivre noir.

2. Roulez les cubes de tofu dans le mélange de farine assaisonnée.

3. Trempez les cubes de tofu dans les œufs battus, puis enrobez-les de chapelure panko.

4. Placez les cubes de tofu dans la friteuse à air chaud et faites cuire à 200°C pendant 10-12 minutes jusqu'à ce qu'ils soient bien dorés et croustillants.

5. Servez chaud.

Brochettes de tofu croustillant et légumes grillés

Ingrédients : 4 personnes

- 500g de tofu ferme coupé en cubes
- 2 courgettes coupées en rondelles
- 2 poivrons coupés en morceaux
- 1 oignon rouge coupé en morceaux
- 2 cuillères à soupe d'huile d'olive
- 1 cuillère à soupe de vinaigre balsamique
- 1 cuillère à café de sel
- 1/4 cuillère à café de poivre noir

Préparation :

1. Préchauffez la friteuse à air chaud à 200°C.

2. Dans un grand bol, mélangez les cubes de tofu, les rondelles de courgette, les morceaux de poivron et les morceaux d'oignon rouge avec l'huile d'olive, le vinaigre balsamique, le sel et le poivre noir.

3. Enfilez les cubes de tofu et les légumes sur des brochettes.

4. Placez les brochettes dans la friteuse à air chaud et faites cuire pendant 10-12 minutes jusqu'à ce qu'ils soient bien dorés et croustillants.

5. Servez chaud.

Frites de courgettes croustillantes

Ingrédients : 4 personnes

- 2 courgettes coupées en frites
- 1/2 tasse de farine
- 1/2 tasse de parmesan râpé
- 1 cuillère à café de sel
- 1/4 cuillère à café de poivre noir
- 2 œufs battus
- 2 tasses de chapelure panko

Préparation :

1. Préchauffez la friteuse à air chaud à 200°C.

2. Dans un grand bol, mélangez les frites de courgettes, la farine, le parmesan râpé, le sel et le poivre noir.

3. Trempez les frites de courgettes dans les œufs battus, puis enrobez-les de chapelure panko.

4. Placez les frites de courgettes dans la friteuse à air chaud et faites cuire pendant 8-10 minutes jusqu'à ce qu'elles soient bien dorées et croustillantes.

5. Servez chaud.

Tofu croustillant à la sauce teriyaki

Ingrédients : 4 personnes

- 500g de tofu ferme coupé en cubes
- 1/2 tasse de farine
- 1 cuillère à café de sel
- 1/4 cuillère à café de poivre noir
- 2 cuillères à soupe d'huile d'olive
- 1/2 tasse de sauce teriyaki

Préparation :

1. Dans un bol, mélangez la farine, le sel et le poivre noir.

2. Roulez les cubes de tofu dans le mélange de farine assaisonnée.

3. Placez les cubes de tofu dans la friteuse à air chaud et faites cuire à 200°C pendant 10-12 minutes jusqu'à ce qu'ils soient bien dorés et croustillants.

4. Dans un petit bol, mélangez l'huile d'olive et la sauce teriyaki.

5. Arrosez les cubes de tofu de la sauce teriyaki et servez chaud.

Champignons croustillants à l'ail

Ingrédients : 4 personnes

- 500g de champignons coupés en quartiers
- 1/2 tasse de farine
- 1 cuillère à café de sel
- 1/4 cuillère à café de poivre noir
- 2 cuillères à soupe d'huile d'olive
- 3 gousses d'ail hachées
- 1/4 tasse de persil frais haché

Préparation :

1. Dans un bol, mélangez la farine, le sel et le poivre noir.
2. Roulez les quartiers de champignons dans le mélange de farine assaisonnée.
3. Placez les quartiers de champignons dans la friteuse à air chaud et faites cuire à 200°C pendant 8-10 minutes jusqu'à ce qu'ils soient bien dorés et croustillants.
4. Dans une poêle, faites chauffer l'huile d'olive à feu moyen et ajoutez l'ail haché. Faites revenir pendant 1-2 minutes jusqu'à ce qu'il soit légèrement doré.
5. Ajoutez les quartiers de champignons croustillants à l'ail dans la poêle et mélangez pour bien les enrober d'ail et d'huile d'olive.
6. Saupoudrez de persil frais haché et servez chaud.

Tofu croustillant à la sauce barbecue

Ingrédients : 4 personnes

- 500g de tofu ferme coupé en cubes
- 1/2 tasse de farine
- 1 cuillère à café de sel
- 1/4 cuillère à café de poivre noir
- 2 cuillères à soupe d'huile d'olive
- 1/2 tasse de sauce barbecue

Préparation :

1. Dans un bol, mélangez la farine, le sel et le poivre noir.

2. Roulez les cubes de tofu dans le mélange de farine assaisonnée.

3. Placez les cubes de tofu dans la friteuse à air chaud et faites cuire à 200°C pendant 10-12 minutes jusqu'à ce qu'ils soient bien dorés et croustillants.

4. Dans un petit bol, mélangez l'huile d'olive et la sauce barbecue.

5. Arrosez les cubes de tofu de la sauce barbecue et servez chaud.

Brochettes de légumes croustillantes

Ingrédients : 4 personnes

- 2 poivrons coupés en morceaux
- 2 courgettes coupées en rondelles
- 1 oignon rouge coupé en morceaux
- 1 tasse de champignons coupés en quartiers
- 1/4 tasse d'huile d'olive + 1 cuillère à café de sel
- 1/4 cuillère à café de poivre noir + 1/2 tasse de farine
- 2 œufs battus + 2 tasses de chapelure panko

Préparation :

1. Préchauffez la friteuse à air chaud à 200°C.
2. Dans un grand bol, mélangez les poivrons coupés en morceaux, les rondelles de courgette, les morceaux d'oignon rouge et les quartiers de champignons avec l'huile d'olive, le sel et le poivre noir.
3. Enfilez les légumes sur des brochettes.
4. Dans un bol, mélangez la farine, le sel et le poivre noir.
5. Roulez les brochettes de légumes dans le mélange de farine assaisonnée.
6. Trempez les brochettes de légumes dans les œufs battus, puis enrobez-les de chapelure panko.
7. Placez les brochettes de légumes dans la friteuse à air chaud et faites cuire pendant 10-12 minutes jusqu'à ce qu'elles soient bien dorées et croustillantes.
8. Servez chaud.

Falafels croustillants aux pois chiches

Ingrédients : 4 personnes

- 2 tasses de pois chiches cuits
- 1 oignon rouge haché + 3 gousses d'ail hachées
- 2 cuillères à soupe de coriandre hachée
- 2 cuillères à soupe de persil haché
- 1 cuillère à soupe de cumin en poudre
- 1 cuillère à café de sel + 1/4 cuillère à café de poivre noir
- 1/2 tasse de farine + 2 cuillères à soupe d'huile d'olive
- 2 tasses de chapelure panko

Préparation :

1. Dans un bol, écrasez les pois chiches cuits avec une fourchette jusqu'à ce qu'ils soient bien écrasés.
2. Ajoutez l'oignon rouge haché, l'ail haché, la coriandre hachée, le persil haché, le cumin en poudre, le sel et le poivre noir. Mélangez bien.
3. Ajoutez la farine et l'huile d'olive et mélangez jusqu'à obtenir une consistance homogène.
4. Formez des boules de la taille d'une balle de golf et roulez-les dans la chapelure panko.
5. Placez les boules de falafel dans la friteuse à air chaud et faites cuire à 200°C pendant 10-12 minutes jusqu'à ce qu'elles soient bien dorées et croustillantes.
6. Servez chaud.

Frites de patates douces croustillantes à la cannelle

Ingrédients : 4 personnes

- 2 patates douces coupées en frites
- 1/2 tasse de farine
- 1 cuillère à café de cannelle en poudre
- 1/4 cuillère à café de sel
- 2 œufs battus
- 2 tasses de chapelure panko

Préparation :

1. Préchauffez la friteuse à air chaud à 200°C.

2. Dans un grand bol, mélangez les frites de patates douces, la farine, la cannelle en poudre et le sel.

3. Trempez les frites de patates douces dans les œufs battus, puis enrobez-les de chapelure panko.

4. Placez les frites de patates douces dans la friteuse à air chaud et faites cuire pendant 8-10 minutes jusqu'à ce qu'elles soient bien dorées et croustillantes.

5. Servez chaud.

Champignons portobello croustillants

Ingrédients : 4 personnes

- 500g de champignons portobello coupés en morceaux
- 1/2 tasse de farine
- 1 cuillère à café de sel
- 1/4 cuillère à café de poivre noir
- 2 œufs battus
- 2 tasses de chapelure panko

Préparation :

1. Préchauffez la friteuse à air chaud à 200°C.
2. Dans un bol, mélangez la farine, le sel et le poivre noir.
3. Roulez les morceaux de champignons portobello dans le mélange de farine assaisonnée.
4. Trempez les morceaux de champignons portobello dans les œufs battus, puis enrobez-les de chapelure panko.
5. Placez les morceaux de champignons portobello dans la friteuse à air chaud et faites cuire pendant 8-10 minutes jusqu'à ce qu'ils soient bien dorés et croustillants.
6. Servez chaud.

Tofu croustillant à la sauce aux arachides

Ingrédients : 4 personnes

- 500g de tofu ferme coupé en cubes
- 1/2 tasse de farine
- 1 cuillère à café de sel
- 1/4 cuillère à café de poivre noir
- 2 cuillères à soupe d'huile d'olive
- 1/2 tasse de sauce aux arachides

Préparation :

1. Dans un bol, mélangez la farine, le sel et le poivre noir.

2. Roulez les cubes de tofu dans le mélange de farine assaisonnée.

3. Placez les cubes de tofu dans la friteuse à air chaud et faites cuire à 200°C pendant 10-12 minutes jusqu'à ce qu'ils soient bien dorés et croustillants.

4. Dans un petit bol, mélangez l'huile d'olive et la sauce aux arachides.

5. Arrosez les cubes de tofu de la sauce aux arachides et servez chaud.

Beignets d'oignons croustillants

Ingrédients : 4 personnes

- 2 oignons rouges coupés en rondelles
- 1/2 tasse de farine
- 1 cuillère à café de sel
- 1/4 cuillère à café de poivre noir
- 2 œufs battus
- 2 tasses de chapelure panko

Préparation :

1. Préchauffez la friteuse à air chaud à 200°C.

2. Dans un bol, mélangez la farine, le sel et le poivre noir.

3. Trempez les rondelles d'oignon rouge dans les œufs battus, puis enrobez-les de chapelure panko.

4. Placez les rondelles d'oignon rouge dans la friteuse à air chaud et faites cuire pendant 8-10 minutes jusqu'à ce qu'elles soient bien dorées et croustillantes.

5. Servez chaud.

Nuggets de tofu croustillants

Ingrédients : 4 personnes

- 500g de tofu ferme coupé en cubes
- 1/2 tasse de farine
- 1 cuillère à café de sel
- 1/4 cuillère à café de poivre noir
- 2 œufs battus
- 2 tasses de chapelure panko

Préparation :

1. Préchauffez la friteuse à air chaud à 200°C.

2. Dans un bol, mélangez la farine, le sel et le poivre noir.

3. Roulez les cubes de tofu dans le mélange de farine assaisonnée.

4. Trempez les cubes de tofu dans les œufs battus, puis enrobez-les de chapelure panko.

5. Placez les cubes de tofu dans la friteuse à air chaud et faites cuire pendant 10-12 minutes jusqu'à ce qu'ils soient bien dorés et croustillants.

6. Servez chaud.

Croquettes de patates douces croustillantes

Ingrédients : 4 personnes

- 2 patates douces cuites et écrasées
- 1/2 tasse de farine
- 1 cuillère à café de sel
- 1/4 cuillère à café de poivre noir
- 2 œufs battus
- 2 tasses de chapelure panko

Préparation :

1. Dans un grand bol, mélangez les patates douces cuites et écrasées, la farine, le sel et le poivre noir.
2. Formez des croquettes de la taille d'une balle de golf.
3. Trempez les croquettes de patates douces dans les œufs battus, puis enrobez-les de chapelure panko.
4. Placez les croquettes de patates douces dans la friteuse à air chaud et faites cuire pendant 8-10 minutes jusqu'à ce qu'elles soient bien dorées et croustillantes.
5. Servez chaud.

Snacks sucrés et desserts

Beignets au sucre croustillants

Ingrédients : 4 personnes

- 500g de pâte à beignet
- 1/2 tasse de sucre en poudre

Préparation :

1. Préchauffez la friteuse à air chaud à 180°C.

2. Formez des boules de pâte à beignet de la taille d'une balle de golf.

3. Placez les boules de pâte à beignet dans la friteuse à air chaud et faites cuire pendant 5-7 minutes jusqu'à ce qu'ils soient bien dorés et croustillants.

4. Saupoudrez de sucre en poudre et servez chaud.

Churros croustillants

Ingrédients : 4 personnes

- 1 tasse d'eau
- 2 cuillères à soupe de sucre
- 1/2 cuillère à café de sel
- 2 cuillères à soupe d'huile végétale
- 1 tasse de farine
- Sucre en poudre

Préparation :

1. Dans une casserole, faites chauffer l'eau, le sucre, le sel et l'huile végétale jusqu'à ébullition.

2. Ajoutez la farine en une seule fois et mélangez rapidement jusqu'à obtenir une boule de pâte lisse.

3. Transférez la pâte dans une poche à douille avec un embout étoilé.

4. Dans la friteuse à air chaud préchauffée à 190°C, formez des churros en les pressant de la poche à douille directement dans la friteuse à air chaud.

5. Faites cuire pendant 5-7 minutes jusqu'à ce qu'ils soient bien dorés et croustillants.

6. Saupoudrez de sucre en poudre et servez chaud.

Donuts croustillants

Ingrédients : 4 personnes

- 500g de pâte à donuts
- Sucre en poudre

Préparation :

1. Préchauffez la friteuse à air chaud à 180°C.

2. Formez des boules de pâte à donuts de la taille d'une balle de golf.

3. Placez les boules de pâte à donuts dans la friteuse à air chaud et faites cuire pendant 5-7 minutes jusqu'à ce qu'ils soient bien dorés et croustillants.

4. Saupoudrez de sucre en poudre et servez chaud.

Tartelettes aux pommes croustillantes

Ingrédients : 4 personnes

- 1 pâte feuilletée
- 2 pommes épluchées et coupées en tranches fines
- 1/4 tasse de sucre en poudre
- 1/2 cuillère à café de cannelle en poudre
- 1/4 tasse de confiture d'abricot

Préparation :

1. Préchauffez la friteuse à air chaud à 180°C.
2. Déroulez la pâte feuilletée et découpez-la en cercles de la taille de vos moules à tartelettes.
3. Placez les cercles de pâte feuilletée dans les moules à tartelettes.
4. Disposez les tranches de pommes sur les fonds de tartelettes.
5. Saupoudrez de sucre et de cannelle en poudre.
6. Placez les tartelettes dans la friteuse à air chaud et faites cuire pendant 10-12 minutes jusqu'à ce que la pâte soit dorée et les pommes tendres.
7. Dans une petite casserole, faites chauffer la confiture d'abricot jusqu'à ce qu'elle soit liquide.
8. Badigeonnez les tartelettes avec la confiture d'abricot et servez chaud.

Beignets aux pommes croustillants

Ingrédients : 4 personnes

- 2 pommes épluchées et coupées en tranches épaisses
- 1 tasse de farine
- 1/4 tasse de sucre en poudre
- 1 cuillère à café de cannelle en poudre
- 1/2 cuillère à café de levure chimique
- 1/4 cuillère à café de sel
- 1/2 tasse de lait + 1 œuf battu
- 2 cuillères à soupe d'huile végétale

Préparation :

1. Dans un bol, mélangez la farine, le sucre en poudre, la cannelle en poudre, la levure chimique et le sel.
2. Ajoutez le lait et l'œuf battu et mélangez jusqu'à obtenir une pâte lisse.
3. Dans une poêle, faites chauffer l'huile végétale.
4. Trempez les tranches de pommes dans la pâte à beignet et retirez l'excès de pâte.
5. Faites frire les tranches de pommes dans l'huile chaude jusqu'à ce qu'elles soient dorées.
6. Retirez les beignets aux pommes de la poêle et égouttez-les sur du papier absorbant.
7. Servez chaud.

Biscuits à la citrouille croustillants

Ingrédients : 4 personnes

- 1/2 tasse de beurre non salé, ramolli
- 1 tasse de sucre en poudre + 1 tasse de purée de citrouille
- 1 œuf + 1 cuillère à café d'extrait de vanille
- 2 tasses de farine + 1 cuillère à café de bicarbonate de soude
- 1/2 cuillère à café de sel + 1 cuillère à café de cannelle en poudre
- 1/2 cuillère à café de gingembre moulu
- 1/4 cuillère à café de clou de girofle moulu

Préparation :

1. Dans un grand bol, battez le beurre et le sucre en poudre jusqu'à ce que le mélange soit léger et mousseux.
2. Ajoutez la purée de citrouille, l'œuf et l'extrait de vanille et mélangez bien.
3. Dans un autre bol, mélangez la farine, le bicarbonate de soude, le sel, la cannelle en poudre, le gingembre moulu et le clou de girofle moulu.
4. Ajoutez le mélange de farine au mélange de citrouille et mélangez jusqu'à ce que la pâte soit bien incorporée.
5. Préchauffez la friteuse à air chaud à 180°C.
6. Formez des boules de pâte à biscuits de la taille d'une balle de golf et placez-les sur une plaque à pâtisserie.
7. Placez la plaque à pâtisserie dans la friteuse à air chaud et faites cuire pendant 8-10 minutes jusqu'à ce que les biscuits soient dorés et croustillants.
8. Retirez les biscuits de la friteuse à air chaud et laissez-les refroidir sur une grille de refroidissement.
9. Servez à température ambiante.

Bouchées de brownies croustillantes

Ingrédients : 4 personnes

- 1/2 tasse de beurre non salé, ramolli
- 1 tasse de sucre en poudre
- 2 œufs + 1 cuillère à café d'extrait de vanille
- 1/2 tasse de farine + 1/2 tasse de cacao en poudre
- 1/4 cuillère à café de sel + 1/2 tasse de pépites de chocolat

Préparation :

1. Dans un grand bol, battez le beurre et le sucre en poudre jusqu'à ce que le mélange soit léger et mousseux.
2. Ajoutez les œufs et l'extrait de vanille et battez jusqu'à ce que le mélange soit bien incorporé.
3. Dans un autre bol, mélangez la farine, le cacao en poudre et le sel.
4. Ajoutez le mélange de farine au mélange de beurre et mélangez jusqu'à ce que la pâte soit bien incorporée.
5. Ajoutez les pépites de chocolat et mélangez.
6. Préchauffez la friteuse à air chaud à 180°C.
7. Versez la pâte à brownies dans un moule à mini muffins.
8. Placez le moule à mini muffins dans la friteuse à air chaud et faites cuire pendant 5-7 minutes jusqu'à ce que les brownies soient dorés et croustillants.
9. Retirez les brownies de la friteuse à air chaud et laissez-les refroidir sur une grille de refroidissement.
10. Servez à température ambiante.

Gâteau au fromage croustillant

Ingrédients : 4 personnes

- 1/2 tasse de sucre en poudre
- 1/2 tasse de chapelure de biscuits graham
- 1/4 tasse de beurre fondu
- 450g de fromage à la crème ramolli
- 1/2 tasse de sucre en poudre
- 2 œufs + 1 cuillère à café d'extrait de vanille

Préparation :

1. Dans un bol, mélangez 1/2 tasse de sucre en poudre, la chapelure de biscuits graham et le beurre fondu jusqu'à ce qu'ils soient bien combinés.
2. Déposez le mélange de chapelure dans le fond d'un moule à gâteau rond et tassez-le fermement pour former une croûte.
3. Dans un autre bol, battez le fromage à la crème et 1/2 tasse de sucre en poudre jusqu'à ce que le mélange soit lisse et crémeux.
4. Ajoutez les œufs et l'extrait de vanille et battez jusqu'à ce que le mélange soit bien incorporé.
5. Versez le mélange de fromage à la crème sur la croûte de biscuits graham.
6. Préchauffez la friteuse à air chaud à 160°C.
7. Placez le moule à gâteau dans la friteuse à air chaud et faites cuire pendant 30-35 minutes jusqu'à ce que le gâteau soit légèrement doré et croustillant sur le dessus.
8. Retirez le gâteau de la friteuse à air chaud et laissez-le refroidir sur une grille de refroidissement.
9. Réfrigérez le gâteau au fromage croustillant pendant au moins 1 heure avant de servir.

Churros croustillants

Ingrédients : 4 personnes

- 1 tasse d'eau + 1/2 tasse de beurre non salé
- 1/4 tasse de sucre en poudre
- 1/4 cuillère à café de sel + 1 tasse de farine tout usage
- 2 œufs + 1 cuillère à café d'extrait de vanille
- 1/4 tasse de sucre en poudre
- 1 cuillère à café de cannelle en poudre

Préparation :

1. Dans une casserole, portez l'eau, le beurre, le sucre en poudre et le sel à ébullition.
2. Réduisez le feu et ajoutez la farine tout usage en remuant jusqu'à ce que la pâte forme une boule.
3. Retirez la pâte du feu et ajoutez les œufs et l'extrait de vanille en battant jusqu'à ce que la pâte soit lisse.
4. Préchauffez la friteuse à air chaud à 190°C.
5. Mettez la pâte dans une poche à douille avec un embout étoilé.
6. Pressez la pâte dans la friteuse à air chaud pour former des churros de la taille désirée.
7. Faites cuire les churros dans la friteuse à air chaud pendant 8-10 minutes jusqu'à ce qu'ils soient dorés et croustillants.
8. Dans un petit bol, mélangez 1/4 tasse de sucre en poudre et 1 cuillère à café de cannelle en poudre.
9. Roulez les churros chauds dans le mélange de sucre et de cannelle pour les enrober.
10. Servez chaud.

Tarte aux cerises croustillante

Ingrédients : 4 personnes

- 1 pâte feuilletée prête à l'emploi
- 4 tasses de cerises dénoyautées
- 1/2 tasse de sucre en poudre
- 1/4 tasse de farine tout usage
- 1/4 cuillère à café de sel
- 1/2 cuillère à café d'extrait de vanille
- 1 cuillère à soupe de beurre non salé, coupé en petits morceaux

Préparation :

1. Déroulez la pâte feuilletée et placez-la dans un moule à tarte.
2. Dans un bol, mélangez les cerises, le sucre en poudre, la farine tout usage, le sel et l'extrait de vanille.
3. Versez le mélange de cerises sur la pâte feuilletée.
4. Parsemez le dessus de la tarte de petits morceaux de beurre.
5. Préchauffez la friteuse à air chaud à 180°C.
6. Placez la tarte dans la friteuse à air chaud et faites cuire pendant 25-30 minutes jusqu'à ce que la croûte soit dorée et croustillante.
7. Retirez la tarte de la friteuse à air chaud et laissez-la refroidir sur une grille de refroidissement.
8. Servez la tarte aux cerises croustillante à température ambiante.

Beignets aux pommes croustillants

Ingrédients : 4 personnes

- 2 pommes Granny Smith, pelées, épépinées et coupées en petits morceaux + 1/4 tasse de sucre en poudre
- 1/2 cuillère à café de cannelle en poudre
- 1/2 tasse de farine tout usage + 1/2 tasse de lait + 1 œuf
- 1/2 cuillère à café d'extrait de vanille
- 1 tasse de chapelure de pain panko

Préparation :

1. Dans un bol, mélangez les pommes, le sucre en poudre et la cannelle en poudre.
2. Dans un autre bol, mélangez la farine tout usage, le lait, l'œuf et l'extrait de vanille.
3. Trempez les morceaux de pomme dans le mélange de farine, puis dans la chapelure de pain panko.
4. Préchauffez la friteuse à air chaud à 190°C.
5. Placez les morceaux de pomme enrobés de chapelure dans la friteuse à air chaud et faites cuire pendant 8-10 minutes jusqu'à ce qu'ils soient dorés et croustillants.
6. Retirez les beignets aux pommes croustillants de la friteuse à air chaud et laissez-les refroidir sur une grille de refroidissement.
7. Servez à température ambiante.

Chocolat chaud croustillant

Ingrédients : 4 personnes

- 1 tasse de lait
- 1/4 tasse de chocolat en poudre
- 1/4 tasse de sucre en poudre
- 1/2 cuillère à café d'extrait de vanille
- 1 tasse de mini guimauves
- 1 tasse de chocolat noir fondu
- 1 tasse de riz soufflé

Préparation :

1. Dans une casserole, chauffez le lait à feu moyen.
2. Ajoutez le chocolat en poudre, le sucre en poudre et l'extrait de vanille, en remuant jusqu'à ce que le mélange soit lisse.
3. Ajoutez les mini guimauves et remuez jusqu'à ce qu'elles soient fondues.
4. Versez le chocolat chaud dans une tasse résistante à la chaleur.
5. Préchauffez la friteuse à air chaud à 180°C.
6. Dans un bol, mélangez le chocolat noir fondu et le riz soufflé.
7. Saupoudrez le mélange de chocolat noir et de riz soufflé sur le chocolat chaud dans la tasse.
8. Placez la tasse dans la friteuse à air chaud et faites cuire pendant 3-5 minutes jusqu'à ce que le mélange de chocolat noir et de riz soufflé soit croustillant.
9. Retirez la tasse de la friteuse à air chaud et servez immédiatement.

Beignets croustillants à la cannelle

Ingrédients : 4 personnes

- 1 tasse de farine tout usage + 1/4 tasse de sucre en poudre
- 2 cuillères à café de levure chimique
- 1 cuillère à café de cannelle en poudre
- 1/4 cuillère à café de sel + 1/2 tasse de lait
- 1 œuf + 2 cuillères à soupe de beurre fondu
- 1 tasse de sucre en poudre
- 2 cuillères à soupe de cannelle en poudre

Préparation :

1. Dans un bol, mélangez la farine tout usage, le sucre en poudre, la levure chimique, la cannelle en poudre et le sel.
2. Dans un autre bol, mélangez le lait, l'œuf et le beurre fondu.
3. Incorporez le mélange liquide dans le mélange sec en remuant jusqu'à ce que la pâte soit lisse.
4. Préchauffez la friteuse à air chaud à 190°C.
5. À l'aide d'une cuillère à soupe, déposez la pâte dans la friteuse à air chaud pour former des beignets de la taille désirée.
6. Faites cuire les beignets dans la friteuse à air chaud pendant 8-10 minutes jusqu'à ce qu'ils soient dorés et croustillants.
7. Dans un petit bol, mélangez 1 tasse de sucre en poudre et 2 cuillères à soupe de cannelle en poudre.
8. Roulez les beignets chauds dans le mélange de sucre et de cannelle pour les enrober.
9. Servez chaud.

Barres de granola croustillantes

Ingrédients : 4 personnes

- 3 tasses de flocons d'avoine
- 1 tasse de noix hachées (amandes, noix de cajou, noisettes, etc.)
- 1 tasse de raisins secs
- 1/2 tasse de miel
- 1/4 tasse d'huile de noix de coco
- 1/2 cuillère à café de sel

Préparation :

1. Dans un grand bol, mélangez les flocons d'avoine, les noix hachées et les raisins secs.
2. Dans une casserole, chauffez le miel, l'huile de noix de coco et le sel à feu moyen.
3. Versez le mélange liquide sur le mélange sec et mélangez jusqu'à ce que tous les ingrédients soient bien incorporés.
4. Préchauffez la friteuse à air chaud à 160°C.
5. Étalez le mélange de granola sur une plaque à pâtisserie et tassez-le fermement pour former une couche uniforme.
6. Placez la plaque à pâtisserie dans la friteuse à air chaud et faites cuire pendant 15-20 minutes jusqu'à ce que le granola soit doré et croustillant.
7. Retirez la plaque à pâtisserie de la friteuse à air chaud et laissez refroidir complètement.
8. Cassez le granola en morceaux et servez à température ambiante.

Bananes croustillantes au miel

Ingrédients : 4 personnes

- 3 bananes, pelées et coupées en rondelles
- 1/4 tasse de miel
- 1/2 tasse de farine tout usage
- 1/2 tasse de chapelure de pain panko
- 1/2 cuillère à café de cannelle en poudre
- 1/4 cuillère à café de sel

Préparation :

1. Dans un bol, mélangez les rondelles de banane et le miel jusqu'à ce que les bananes soient bien enrobées.
2. Dans un autre bol, mélangez la farine tout usage, la chapelure de pain panko, la cannelle en poudre et le sel.
3. Trempez les rondelles de banane dans le mélange de farine, puis dans le mélange de chapelure de pain panko.
4. Préchauffez la friteuse à air chaud à 190°C.
5. Placez les rondelles de banane enrobées dans la friteuse à air chaud et faites cuire pendant 8-10 minutes jusqu'à ce qu'elles soient dorées et croustillantes.
6. Retirez les bananes croustillantes au miel de la friteuse à air chaud et laissez-les refroidir sur une grille de refroidissement.
7. Servez à température ambiante.

Churros croustillants

Ingrédients : 4 personnes

- 1 tasse d'eau
- 2 cuillères à soupe de sucre en poudre
- 1/2 cuillère à café de sel
- 2 cuillères à soupe d'huile végétale
- 1 tasse de farine tout usage
- 1/2 tasse de sucre en poudre
- 1 cuillère à soupe de cannelle en poudre

Préparation :

1. Dans une casserole, chauffez l'eau, le sucre en poudre, le sel et l'huile végétale à feu moyen jusqu'à ce que le mélange bouille.
2. Retirez la casserole du feu et ajoutez la farine tout usage en remuant jusqu'à ce que la pâte soit lisse.
3. Préchauffez la friteuse à air chaud à 190°C.
4. Placez la pâte dans une poche à douille munie d'un embout étoilé.
5. Pressez la pâte à travers l'embout étoilé pour former des bâtonnets de churros sur une plaque à pâtisserie.
6. Faites cuire les bâtonnets de churros dans la friteuse à air chaud pendant 8-10 minutes jusqu'à ce qu'ils soient dorés et croustillants.
7. Dans un petit bol, mélangez 1/2 tasse de sucre en poudre et 1 cuillère à soupe de cannelle en poudre.
8. Roulez les churros chauds dans le mélange de sucre et de cannelle pour les enrober.
9. Servez chaud.

Tartelettes croustillantes aux pommes

Ingrédients : 4 personnes

- 1 pâte feuilletée
- 2 pommes
- 2 cuillères à soupe de sucre en poudre
- 1 cuillère à café de cannelle en poudre
- 2 cuillères à soupe de beurre fondu

Préparation :

1. Préchauffez la friteuse à air chaud à 190°C.
2. Découpez la pâte feuilletée en cercles de la taille de vos moules à tartelettes et placez-les dans les moules.
3. Dans un bol, mélangez le sucre en poudre et la cannelle en poudre.
4. Épluchez et coupez les pommes en tranches fines.
5. Disposez les tranches de pomme sur la pâte feuilletée et saupoudrez-les du mélange de sucre et de cannelle.
6. Arrosez les tartelettes avec le beurre fondu.
7. Faites cuire les tartelettes dans la friteuse à air chaud pendant 12-15 minutes jusqu'à ce que la pâte soit dorée et croustillante.
8. Retirez les tartelettes de la friteuse à air chaud et laissez-les refroidir sur une grille de refroidissement.
9. Servez à température ambiante.

Biscuits au chocolat croustillants

Ingrédients : 4 personnes

- 1 tasse de farine tout usage
- 1/2 tasse de sucre en poudre
- 1/2 tasse de poudre de cacao non sucré
- 1/2 cuillère à café de bicarbonate de soude
- 1/4 cuillère à café de sel
- 1/2 tasse de beurre fondu
- 1 œuf
- 1 cuillère à café d'extrait de vanille

Préparation :

1. Dans un grand bol, mélangez la farine tout usage, le sucre en poudre, la poudre de cacao non sucré, le bicarbonate de soude et le sel.
2. Dans un autre bol, mélangez le beurre fondu, l'œuf et l'extrait de vanille.
3. Incorporez le mélange liquide dans le mélange sec en remuant jusqu'à ce que la pâte soit lisse.
4. Préchauffez la friteuse à air chaud à 180°C.
5. À l'aide d'une cuillère à soupe, déposez la pâte dans la friteuse à air chaud pour former des biscuits de la taille désirée.
6. Faites cuire les biscuits dans la friteuse à air chaud pendant 8-10 minutes jusqu'à ce qu'ils soient dorés et croustillants.
7. Retirez les biscuits croustillants de la friteuse à air chaud et laissez-les refroidir sur une grille de refroidissement.
8. Servez à température ambiante.

Beignets de crème pâtissière croustillants

Ingrédients : 4 personnes

- 1 tasse d'eau + 1/2 tasse de beurre
- 1/4 cuillère à café de sel + 1 tasse de farine tout usage
- 4 œufs + 1 tasse de crème pâtissière
- 1 tasse de sucre en poudre
- 1 cuillère à soupe de cannelle en poudre

Préparation :

1. Dans une casserole, chauffez l'eau, le beurre et le sel à feu moyen jusqu'à ce que le mélange bouille.
2. Ajoutez la farine tout usage en une seule fois et remuez jusqu'à ce que la pâte se détache des parois de la casserole.
3. Retirez la casserole du feu et ajoutez les œufs un à un, en remuant bien après chaque ajout.
4. Ajoutez la crème pâtissière à la pâte et mélangez bien.
5. Préchauffez la friteuse à air chaud à 190°C.
6. À l'aide d'une cuillère à soupe, déposez la pâte dans la friteuse à air chaud pour former des boules de la taille désirée.
7. Faites cuire les beignets dans la friteuse à air chaud pendant 10-12 minutes jusqu'à ce qu'ils soient dorés et croustillants.
8. Dans un petit bol, mélangez le sucre en poudre et la cannelle en poudre.
9. Roulez les beignets chauds dans le mélange de sucre et de cannelle pour les enrober.
10. Servez chaud.

Fruits croustillants à la cannelle

Ingrédients : 4 personnes

- 2 pommes, pelées et coupées en tranches fines
- 2 bananes, pelées et coupées en rondelles
- 2 cuillères à soupe de sucre en poudre
- 1 cuillère à soupe de cannelle en poudre
- 1 cuillère à soupe de jus de citron

Préparation :

1. Dans un grand bol, mélangez les tranches de pomme et de banane avec le sucre en poudre, la cannelle en poudre et le jus de citron.
2. Préchauffez la friteuse à air chaud à 180°C.
3. Étalez les fruits sur une plaque de cuisson recouverte de papier sulfurisé.
4. Faites cuire les fruits dans la friteuse à air chaud pendant 8-10 minutes jusqu'à ce qu'ils soient dorés et croustillants.
5. Retirez les fruits croustillants de la friteuse à air chaud et laissez-les refroidir sur une grille de refroidissement.
6. Servez à température ambiante.

Sandwichs et hamburgers

Cheeseburger croustillant

Ingrédients : 4 personnes

- 500 g de viande hachée
- 1 oignon, coupé en petits dés
- 1 œuf
- 1 cuillère à soupe de moutarde
- 1 cuillère à soupe de sauce Worcestershire
- 1/2 tasse de chapelure
- 1/2 tasse de fromage râpé
- Sel et poivre
- 4 pains à hamburger
- Tranches de fromage

Préparation :

1. Dans un grand bol, mélangez la viande hachée, l'oignon, l'œuf, la moutarde, la sauce Worcestershire, la chapelure, le fromage râpé, le sel et le poivre.
2. Formez des boulettes de viande et aplatissez-les pour former des galettes.
3. Préchauffez la friteuse à air chaud à 190°C.
4. Faites cuire les galettes dans la friteuse à air chaud pendant 8-10 minutes de chaque côté jusqu'à ce qu'elles soient dorées et croustillantes.
5. Ajoutez une tranche de fromage sur chaque galette et faites-la fondre pendant 1-2 minutes.
6. Placez les galettes sur les pains à hamburger et ajoutez les garnitures de votre choix.

Sandwich BLT croustillant

Ingrédients : 4 personnes

- 8 tranches de bacon
- 4 pains à sandwich
- 4 feuilles de laitue
- 2 tomates, coupées en tranches
- Mayonnaise

Préparation :

1. Préchauffez la friteuse à air chaud à 180°C.
2. Placez les tranches de bacon dans la friteuse à air chaud et faites cuire pendant 8-10 minutes jusqu'à ce qu'elles soient croustillantes.
3. Étalez de la mayonnaise sur les pains à sandwich.
4. Ajoutez une feuille de laitue sur chaque pain.
5. Ajoutez des tranches de tomate sur la laitue.
6. Ajoutez 2 tranches de bacon sur les tomates.
7. Refermez le sandwich et faites-le griller dans la friteuse à air chaud pendant 2-3 minutes jusqu'à ce qu'il soit croustillant.

Sandwich au poulet croustillant

Ingrédients : 4 personnes

- 4 filets de poulet + 1 tasse de farine tout usage
- 1/2 tasse de chapelure + 1 cuillère à soupe de paprika
- 1 cuillère à soupe de sel + 1 cuillère à soupe de poivre
- 1/2 tasse de lait + 1 œuf
- 4 pains à sandwich
- Laitue + Tomates + Mayonnaise

Préparation :

1. Préchauffez la friteuse à air chaud à 190°C.
2. Dans un grand bol, mélangez la farine tout usage, la chapelure, le paprika, le sel et le poivre.
3. Dans un autre bol, battez l'œuf avec le lait.
4. Trempez chaque filet de poulet dans le mélange d'œuf et de lait, puis enrobez-le du mélange de farine et de chapelure.
5. Placez les filets de poulet dans la friteuse à air chaud et faites cuire pendant 10-12 minutes jusqu'à ce qu'ils soient dorés et croustillants.
6. Coupez les pains à sandwich en deux et étalez de la mayonnaise sur chaque côté.
7. Ajoutez de la laitue et des tranches de tomate sur un côté du pain.
8. Ajoutez un filet de poulet croustillant sur le dessus et refermez le sandwich.

Sandwich au steak croustillant

Ingrédients : 4 personnes

- 4 steaks de bœuf + 1 tasse de farine tout usage
- 1/2 tasse de chapelure + 1 cuillère à soupe de sel
- 1 cuillère à soupe de poivre + 1/2 tasse de lait
- 1 œuf + 4 pains à sandwich
- Mayonnaise + Fromage
- Laitue + Tomates

Préparation :

1. Préchauffez la friteuse à air chaud à 190°C.
2. Dans un grand bol, mélangez la farine tout usage, la chapelure, le sel et le poivre.
3. Dans un autre bol, battez l'œuf avec le lait.
4. Trempez chaque steak de bœuf dans le mélange d'œuf et de lait, puis enrobez-le du mélange de farine et de chapelure.
5. Placez les steaks de bœuf dans la friteuse à air chaud et faites cuire pendant 8-10 minutes de chaque côté jusqu'à ce qu'ils soient dorés et croustillants.
6. Coupez les pains à sandwich en deux et étalez de la mayonnaise sur chaque côté.
7. Ajoutez de la laitue et des tranches de tomate sur un côté du pain.
8. Ajoutez un steak croustillant sur le dessus, une tranche de fromage et refermez le sandwich.

Sandwich végétarien croustillant

Ingrédients : 4 personnes

- 1 aubergine, coupée en tranches épaisses
- 1 courgette, coupée en tranches épaisses
- 1 poivron rouge, coupé en lanières
- 1 oignon rouge, coupé en lanières
- 1 tasse de farine tout usage + 1/2 tasse de chapelure
- 1 cuillère à soupe de sel + 1 cuillère à soupe de poivre
- 1/2 tasse de lait + 1 œuf + 4 pains à sandwich
- Mayonnaise

Préparation :

1. Préchauffez la friteuse à air chaud à 190°C.
2. Dans un grand bol, mélangez la farine tout usage, la chapelure, le sel et le poivre.
3. Dans un autre bol, battez l'œuf avec le lait.
4. Trempez chaque tranche de légume dans le mélange d'œuf et de lait, puis enrobez-la du mélange de farine et de chapelure.
5. Placez les tranches de légumes dans la friteuse à air chaud et faites cuire pendant 8-10 minutes de chaque côté jusqu'à ce qu'elles soient dorées et croustillantes.
6. Coupez les pains à sandwich en deux et étalez de la mayonnaise sur chaque côté.
7. Ajoutez des tranches d'aubergine, de courgette, de poivron rouge et d'oignon rouge sur un côté du pain.
8. Refermez le sandwich et faites-le griller dans la friteuse à air chaud pendant 2-3 minutes jusqu'à ce qu'il soit croustillant.

Sandwich au jambon croustillant

Ingrédients : 4 personnes

- 4 tranches de jambon
- 4 tranches de fromage
- 4 pains à sandwich
- Mayonnaise
- Laitue
- Tomates

Préparation :

1. Préchauffez la friteuse à air chaud à 180°C.
2. Placez les tranches de jambon dans la friteuse à air chaud et faites cuire pendant 6-8 minutes jusqu'à ce qu'elles soient croustillantes.
3. Ajoutez une tranche de fromage sur chaque tranche de jambon et faites-la fondre pendant 1-2 minutes.
4. Coupez les pains à sandwich en deux et étalez de la mayonnaise sur chaque côté.
5. Ajoutez de la laitue et des tranches de tomate sur un côté du pain.
6. Ajoutez une tranche de jambon croustillante sur le dessus et refermez le sandwich.

Sandwich au poulet Buffalo croustillant

Ingrédients : 4 personnes

- 4 filets de poulet + 1/2 tasse de farine tout usage
- 1/2 tasse de chapelure + 1 cuillère à soupe de paprika
- 1 cuillère à soupe de sel + 1 cuillère à soupe de poivre
- 1/2 tasse de lait + 1 œuf
- 1/4 tasse de sauce Buffalo + 4 pains à hamburger
- Laitue + Tomates
- Mayonnaise

Préparation :

1. Préchauffez la friteuse à air chaud à 190°C.
2. Dans un grand bol, mélangez la farine tout usage, la chapelure, le paprika, le sel et le poivre.
3. Dans un autre bol, battez l'œuf avec le lait.
4. Trempez chaque filet de poulet dans le mélange d'œuf et de lait, puis enrobez-le du mélange de farine et de chapelure.
5. Placez les filets de poulet dans la friteuse à air chaud et faites cuire pendant 10-12 minutes jusqu'à ce qu'ils soient dorés et croustillants.
6. Badigeonnez les filets de poulet de sauce Buffalo et faites-les cuire pendant encore 2-3 minutes.
7. Coupez les pains à hamburger en deux et étalez de la mayonnaise sur chaque côté.
8. Ajoutez de la laitue et des tranches de tomate sur un côté du pain.
9. Ajoutez un filet de poulet croustillant sur le dessus et refermez le sandwich.

Sandwich au bacon et à l'avocat croustillant

Ingrédients : 4 personnes

- 8 tranches de bacon
- 1 avocat, coupé en tranches
- 4 pains à sandwich
- Mayonnaise
- Laitue
- Tomates

Préparation :

1. Préchauffez la friteuse à air chaud à 180°C.
2. Placez les tranches de bacon dans la friteuse à air chaud et faites cuire pendant 6-8 minutes jusqu'à ce qu'elles soient croustillantes.
3. Coupez les pains à sandwich en deux et étalez de la mayonnaise sur chaque côté.
4. Ajoutez de la laitue et des tranches de tomate sur un côté du pain.
5. Ajoutez des tranches d'avocat et des tranches de bacon croustillantes sur le dessus.
6. Refermez le sandwich et faites-le griller dans la friteuse à air chaud pendant 2-3 minutes jusqu'à ce qu'il soit croustillant.

Burger végétarien croustillant

Ingrédients : 4 personnes

- 4 galettes végétariennes
- 4 pains à hamburger
- Mayonnaise
- Laitue
- Tomates
- Fromage

Préparation :

1. Préchauffez la friteuse à air chaud à 190°C.

2. Placez les galettes végétariennes dans la friteuse à air chaud et faites cuire pendant 8-10 minutes jusqu'à ce qu'elles soient dorées et croustillantes.

3. Coupez les pains à hamburger en deux et étalez de la mayonnaise sur chaque côté.

4. Ajoutez de la laitue et des tranches de tomate sur un côté du pain.

5. Ajoutez une galette végétarienne croustillante sur le dessus, une tranche de fromage et refermez le burger.

Sandwich au porc effiloché croustillant

Ingrédients : 4 personnes

- 4 tasses de porc effiloché cuit
- 1/2 tasse de sauce barbecue
- 4 pains à hamburger
- Mayonnaise
- Laitue

Préparation :

1. Préchauffez la friteuse à air chaud à 190°C.

2. Mélangez le porc effiloché cuit avec la sauce barbecue.

3. Placez le mélange de porc effiloché dans la friteuse à air chaud et faites cuire pendant 8-10 minutes jusqu'à ce qu'il soit croustillant.

4. Coupez les pains à hamburger en deux et étalez de la mayonnaise sur chaque côté.

5. Ajoutez de la laitue sur un côté du pain.

6. Ajoutez le porc effiloché croustillant sur le dessus et refermez le sandwich.

Sandwich au saumon croustillant

Ingrédients : 4 personnes

- 4 filets de saumon
- 1/2 tasse de farine tout usage
- 1/2 tasse de chapelure
- 1 cuillère à soupe de sel
- 1 cuillère à soupe de poivre
- 1/2 tasse de lait + 1 œuf
- 4 pains à hamburger + Mayonnaise
- Laitue + Tomates

Préparation :

1. Préchauffez la friteuse à air chaud à 190°C.
2. Dans un grand bol, mélangez la farine tout usage, la chapelure, le sel et le poivre.
3. Dans un autre bol, battez l'œuf avec le lait.
4. Trempez chaque filet de saumon dans le mélange d'œuf et de lait, puis enrobez-le du mélange de farine et de chapelure.
5. Placez les filets de saumon dans la friteuse à air chaud et faites cuire pendant 8-10 minutes jusqu'à ce qu'ils soient dorés et croustillants.
6. Coupez les pains à hamburger en deux et étalez de la mayonnaise sur chaque côté.
7. Ajoutez de la laitue et des tranches de tomate sur un côté du pain.
8. Ajoutez un filet de saumon croustillant sur le dessus et refermez le sandwich.

Sandwich au poulet croustillant et au bacon

Ingrédients : 4 personnes

- 4 filets de poulet + 1/2 tasse de farine tout usage
- 1/2 tasse de chapelure + 1 cuillère à soupe de paprika
- 1 cuillère à soupe de sel + 1 cuillère à soupe de poivre
- 1/2 tasse de lait + 1 œuf
- 8 tranches de bacon + 4 pains à hamburger
- Mayonnaise + Laitue + Tomates

Préparation :

1. Préchauffez la friteuse à air chaud à 190°C.
2. Dans un grand bol, mélangez la farine tout usage, la chapelure, le paprika, le sel et le poivre.
3. Dans un autre bol, battez l'œuf avec le lait.
4. Trempez chaque filet de poulet dans le mélange d'œuf et de lait, puis enrobez-le du mélange de farine et de chapelure.
5. Placez les filets de poulet dans la friteuse à air chaud et faites cuire pendant 8-10 minutes jusqu'à ce qu'ils soient dorés et croustillants.
6. Placez les tranches de bacon dans la friteuse à air chaud et faites cuire pendant 6-8 minutes jusqu'à ce qu'elles soient croustillantes.
7. Coupez les pains à hamburger en deux et étalez de la mayonnaise sur chaque côté.
8. Ajoutez de la laitue et des tranches de tomate sur un côté du pain.
9. Ajoutez un filet de poulet croustillant et deux tranches de bacon sur le dessus et refermez le sandwich.

Sandwich au fromage croustillant

Ingrédients : 4 personnes

- 8 tranches de fromage cheddar
- 8 tranches de pain de mie
- Beurre

Préparation :

1. Préchauffez la friteuse à air chaud à 190°C.
2. Étalez une fine couche de beurre sur chaque tranche de pain de mie.
3. Placez une tranche de fromage cheddar sur chaque tranche de pain de mie.
4. Refermez le sandwich et placez-le dans la friteuse à air chaud.
5. Faites cuire pendant 5-7 minutes jusqu'à ce que le fromage soit fondu et que le pain soit doré et croustillant.

Sandwich au jambon et fromage croustillant

Ingrédients : 4 personnes

- 4 tranches de jambon
- 4 tranches de fromage cheddar
- 4 pains à hamburger
- Mayonnaise
- Laitue
- Tomates

Préparation :

1. Préchauffez la friteuse à air chaud à 190°C.
2. Placez les tranches de jambon dans la friteuse à air chaud et faites cuire pendant 6-8 minutes jusqu'à ce qu'elles soient croustillantes.
3. Placez une tranche de fromage cheddar sur chaque tranche de jambon et laissez fondre légèrement.
4. Coupez les pains à hamburger en deux et étalez de la mayonnaise sur chaque côté.
5. Ajoutez de la laitue et des tranches de tomate sur un côté du pain.
6. Ajoutez une tranche de jambon et fromage croustillants sur le dessus et refermez le sandwich.

Sandwich au poulet croustillant à l'ail

Ingrédients : 4 personnes

- 4 filets de poulet
- 1/2 tasse de farine tout usage
- 1/2 tasse de chapelure
- 1 cuillère à soupe d'ail en poudre
- 1 cuillère à soupe de sel
- 1 cuillère à soupe de poivre
- 1/2 tasse de lait
- 1 œuf + 4 pains à hamburger
- Mayonnaise + Laitue

Préparation :

1. Préchauffez la friteuse à air chaud à 190°C.
2. Dans un grand bol, mélangez la farine tout usage, la chapelure, l'ail en poudre, le sel et le poivre.
3. Dans un autre bol, battez l'œuf avec le lait.
4. Trempez chaque filet de poulet dans le mélange d'œuf et de lait, puis enrobez-le du mélange de farine et de chapelure.
5. Placez les filets de poulet dans la friteuse à air chaud et faites cuire pendant 8-10 minutes jusqu'à ce qu'ils soient dorés et croustillants.
6. Coupez les pains à hamburger en deux et étalez de la mayonnaise sur chaque côté.
7. Ajoutez de la laitue sur un côté du pain.
8. Ajoutez un filet de poulet croustillant à l'ail sur le dessus et refermez le sandwich.

Sandwich au saumon fumé croustillant

Ingrédients : 4 personnes

- 8 tranches de saumon fumé
- 4 pains à hamburger
- Fromage frais
- Aneth

Préparation :

1. Préchauffez la friteuse à air chaud à 190°C.
2. Étalez une fine couche de fromage frais sur chaque tranche de pain à hamburger.
3. Ajoutez des feuilles d'aneth sur le fromage frais.
4. Placez deux tranches de saumon fumé sur chaque pain à hamburger.
5. Refermez le sandwich et placez-le dans la friteuse à air chaud.
6. Faites cuire pendant 5-7 minutes jusqu'à ce que le saumon soit croustillant et que le pain soit doré.

Burger végétarien croustillant

Ingrédients : 4 personnes

- 1/2 tasse de quinoa cuit
- 1/2 tasse de haricots noirs en conserve, égouttés et rincés
- 1/4 tasse de farine tout usage + 1/4 tasse de chapelure
- 1 cuillère à soupe de cumin en poudre
- 1 cuillère à soupe de paprika + 1 cuillère à soupe de sel
- 1 cuillère à soupe de poivre
- 1 œuf + 4 pains à hamburger
- Mayonnaise + Laitue + Tomates

Préparation :

1. Préchauffez la friteuse à air chaud à 190°C.
2. Dans un grand bol, mélangez le quinoa cuit, les haricots noirs égouttés, la farine tout usage, la chapelure, le cumin en poudre, le paprika, le sel et le poivre.
3. Ajoutez l'œuf et mélangez bien.
4. Formez des boules avec le mélange de quinoa et de haricots noirs et aplatissez-les pour former des galettes.
5. Placez les galettes de quinoa et de haricots noirs dans la friteuse à air chaud et faites cuire pendant 8-10 minutes jusqu'à ce qu'elles soient dorées et croustillantes.
6. Coupez les pains à hamburger en deux et étalez de la mayonnaise sur chaque côté.
7. Ajoutez de la laitue et des tranches de tomate sur un côté du pain.
8. Ajoutez une galette de quinoa et de haricots noirs croustillante sur le dessus et refermez le sandwich.

Sandwich au bœuf croustillant

Ingrédients : 4 personnes

- 4 steaks de bœuf
- 1/2 tasse de farine tout usage
- 1/2 tasse de chapelure
- 1 cuillère à soupe de sel
- 1 cuillère à soupe de poivre
- 1/2 tasse de lait
- 1 œuf
- 4 pains à hamburger
- Mayonnaise + Laitue + Tomates

Préparation :

1. Préchauffez la friteuse à air chaud à 190°C.
2. Dans un grand bol, mélangez la farine tout usage, la chapelure, le sel et le poivre.
3. Dans un autre bol, battez l'œuf avec le lait.
4. Trempez chaque steak de bœuf dans le mélange d'œuf et de lait, puis enrobez-le du mélange de farine et de chapelure.
5. Placez les steaks de bœuf dans la friteuse à air chaud et faites cuire pendant 8-10 minutes jusqu'à ce qu'ils soient dorés et croustillants.
6. Coupez les pains à hamburger en deux et étalez de la mayonnaise sur chaque côté.
7. Ajoutez de la laitue et des tranches de tomate sur un côté du pain.
8. Ajoutez un steak de bœuf croustillant sur le dessus et refermez le sandwich.

Sandwich au poulet croustillant au miel

Ingrédients : 4 personnes

- 4 filets de poulet
- 1/2 tasse de farine tout usage
- 1/2 tasse de chapelure
- 1 cuillère à soupe de sel
- 1 cuillère à soupe de poivre
- 1/2 tasse de lait
- 1 œuf
- 4 pains à hamburger
- Mayonnaise + Laitue + Miel

Préparation :

1. Préchauffez la friteuse à air chaud à 190°C.
2. Dans un grand bol, mélangez la farine tout usage, la chapelure, le sel et le poivre.
3. Dans un autre bol, battez l'œuf avec le lait.
4. Trempez chaque filet de poulet dans le mélange d'œuf et de lait, puis enrobez-le du mélange de farine et de chapelure.
5. Placez les filets de poulet dans la friteuse à air chaud et faites cuire pendant 8-10 minutes jusqu'à ce qu'ils soient dorés et croustillants.
6. Coupez les pains à hamburger en deux et étalez de la mayonnaise sur chaque côté.
7. Ajoutez de la laitue sur un côté du pain.
8. Ajoutez un filet de poulet croustillant sur le dessus et versez un peu de miel sur le dessus.
9. Refermez le sandwich.

Sandwich au porc effiloché croustillant

Ingrédients : 4 personnes

- 500 g de porc effiloché + 1/2 tasse de sauce barbecue
- 1/2 tasse de farine tout usage
- 1/2 tasse de chapelure + 1 cuillère à soupe de sel
- 1 cuillère à soupe de poivre
- 1/2 tasse de lait
- 1 œuf + 4 pains à hamburger
- Mayonnaise + Laitue

Préparation :

1. Préchauffez la friteuse à air chaud à 190°C.
2. Dans un grand bol, mélangez la sauce barbecue avec le porc effiloché.
3. Dans un autre bol, mélangez la farine tout usage, la chapelure, le sel et le poivre.
4. Dans un troisième bol, battez l'œuf avec le lait.
5. Trempez chaque morceau de porc effiloché dans le mélange d'œuf et de lait, puis enrobez-le du mélange de farine et de chapelure.
6. Placez les morceaux de porc effiloché dans la friteuse à air chaud et faites cuire pendant 8-10 minutes jusqu'à ce qu'ils soient dorés et croustillants.
7. Coupez les pains à hamburger en deux et étalez de la mayonnaise sur chaque côté.
8. Ajoutez de la laitue sur un côté du pain.
9. Ajoutez le porc effiloché croustillant sur le dessus et refermez le sandwich.

Recettes du monde

Samosas indiens

Ingrédients : 4 personnes

- 1 paquet de pâte à samosas
- 1 tasse de pommes de terre bouillies et écrasées
- 1/2 tasse de petits pois
- 1 cuillère à café de cumin en poudre
- 1 cuillère à café de coriandre en poudre
- 1 cuillère à café de garam masala
- Sel et poivre
- Huile végétale pour la friture

Préparation :

1. Préchauffez la friteuse à air chaud à 200°C.
2. Dans un grand bol, mélangez les pommes de terre écrasées, les petits pois, le cumin, la coriandre, le garam masala, le sel et le poivre.
3. Découpez la pâte à samosas en triangles.
4. Déposez une cuillère à soupe du mélange de pommes de terre sur chaque triangle de pâte à samosas.
5. Repliez les triangles en forme de samosas.
6. Placez les samosas dans la friteuse à air chaud et faites cuire pendant 10-12 minutes jusqu'à ce qu'ils soient dorés et croustillants.
7. Servez chaud.

Poulet tikka masala

Ingrédients : 4 personnes

- 4 filets de poulet coupés en dés
- 1 tasse de yaourt nature
- 1 cuillère à soupe de gingembre haché
- 1 cuillère à soupe d'ail haché
- 1 cuillère à soupe de garam masala
- 1 cuillère à soupe de paprika
- 1 cuillère à soupe de cumin en poudre
- 1/2 cuillère à café de curcuma en poudre
- Sel et poivre
- Huile végétale pour la friture

Préparation :

1. Préchauffez la friteuse à air chaud à 200°C.
2. Dans un grand bol, mélangez le yaourt, le gingembre, l'ail, le garam masala, le paprika, le cumin, le curcuma, le sel et le poivre.
3. Ajoutez les dés de poulet dans le mélange et mélangez bien pour les enrober.
4. Placez les dés de poulet dans la friteuse à air chaud et faites cuire pendant 12-15 minutes jusqu'à ce qu'ils soient dorés et croustillants.
5. Servez chaud.

Poulet tandoori

Ingrédients : 4 personnes

- 4 filets de poulet
- 1 tasse de yaourt nature
- 1 cuillère à soupe de gingembre haché
- 1 cuillère à soupe d'ail haché
- 1 cuillère à soupe de paprika
- 1 cuillère à soupe de cumin en poudre
- 1 cuillère à soupe de coriandre en poudre
- 1/2 cuillère à café de curcuma en poudre
- Jus d'un citron
- Sel et poivre
- Huile végétale pour la friture

Préparation :

1. Préchauffez la friteuse à air chaud à 200°C.
2. Dans un grand bol, mélangez le yaourt, le gingembre, l'ail, le paprika, le cumin, la coriandre, le curcuma, le jus de citron, le sel et le poivre.
3. Ajoutez les filets de poulet dans le mélange et mélangez bien pour les enrober.
4. Placez les filets de poulet dans la friteuse à air chaud et faites cuire pendant 12-15 minutes jusqu'à ce qu'ils soient dorés et croustillants.
5. Servez chaud.

Tempura japonais aux légumes

Ingrédients : 4 personnes

- 1 tasse de farine tout usage
- 1/2 tasse de fécule de maïs
- 1 cuillère à café de sel
- 1 tasse d'eau glacée
- Légumes de votre choix (brocoli, carottes, poivrons, etc.)
- Huile végétale pour la friture

Préparation :

1. Préchauffez la friteuse à air chaud à 200°C.

2. Dans un grand bol, mélangez la farine, la fécule de maïs et le sel.

3. Ajoutez de l'eau glacée au mélange jusqu'à obtention d'une pâte légère.

4. Plongez les légumes dans la pâte et assurez-vous qu'ils sont bien enrobés.

5. Placez les légumes dans la friteuse à air chaud et faites cuire pendant 5-7 minutes jusqu'à ce qu'ils soient dorés et croustillants.

6. Servez chaud.

Rösti suisse

Ingrédients : 4 personnes

- 4 pommes de terre râpées
- 1 oignon haché
- 2 cuillères à soupe de beurre fondu
- Sel et poivre
- Huile végétale pour la friture

Préparation :

1. Préchauffez la friteuse à air chaud à 200°C.
2. Dans un grand bol, mélangez les pommes de terre râpées, l'oignon haché, le beurre fondu, le sel et le poivre.
3. Formez des galettes avec le mélange de pommes de terre.
4. Placez les galettes de pommes de terre dans la friteuse à air chaud et faites cuire pendant 10-12 minutes jusqu'à ce qu'elles soient dorées et croustillantes.
5. Servez chaud.

Brochettes de poulet teriyaki

Ingrédients : 4 personnes

- 4 filets de poulet coupés en cubes
- 1/2 tasse de sauce teriyaki
- 2 cuillères à soupe de miel
- 1 cuillère à soupe d'huile de sésame
- 1 cuillère à soupe de gingembre haché
- 1 gousse d'ail hachée
- 1 poivron rouge coupé en cubes
- 1 oignon rouge coupé en cubes
- Sel et poivre
- Piques à brochettes

Préparation :

1. Préchauffez la friteuse à air chaud à 200°C.
2. Dans un grand bol, mélangez la sauce teriyaki, le miel, l'huile de sésame, le gingembre, l'ail, le sel et le poivre.
3. Ajoutez les cubes de poulet dans le mélange et mélangez bien pour les enrober.
4. Enfilez les cubes de poulet, de poivron et d'oignon sur les piques à brochettes.
5. Placez les brochettes dans la friteuse à air chaud et faites cuire pendant 12-15 minutes jusqu'à ce qu'elles soient dorées et croustillantes.
6. Servez chaud.

Beignets de crevettes thaïlandais

Ingrédients : 4 personnes

- 1 tasse de farine tout usage + 1/2 tasse de fécule de maïs
- 1 cuillère à soupe de levure chimique + 1/2 cuillère à café de sel
- 1 tasse d'eau glacée + 1 cuillère à soupe de pâte de curry rouge
- 1 cuillère à soupe de sucre + 1 cuillère à soupe de sauce de poisson
- 1 gousse d'ail hachée + 1/2 tasse de coriandre hachée
- 1 tasse de crevettes décortiquées et déveinées
- Huile végétale pour la friture

Préparation :

1. Préchauffez la friteuse à air chaud à 200°C.
2. Dans un grand bol, mélangez la farine, la fécule de maïs, la levure chimique et le sel.
3. Ajoutez de l'eau glacée au mélange jusqu'à obtention d'une pâte légère.
4. Dans un autre bol, mélangez la pâte de curry rouge, le sucre, la sauce de poisson, l'ail et la coriandre.
5. Ajoutez les crevettes dans le mélange de pâte de curry et mélangez bien pour les enrober.
6. Plongez les crevettes dans la pâte à beignets et assurez-vous qu'elles sont bien enrobées.
7. Placez les crevettes dans la friteuse à air chaud et faites cuire pendant 5-7 minutes jusqu'à ce qu'elles soient dorées et croustillantes.
8. Servez chaud.

Sambusas somaliens

Ingrédients : 4 personnes

- 1 paquet de pâte à samosas
- 1 tasse de boeuf haché + 1 oignon haché
- 2 cuillères à soupe d'huile végétale
- 1 cuillère à soupe de cumin en poudre
- 1 cuillère à soupe de coriandre en poudre
- 1 cuillère à soupe de paprika
- 1 cuillère à soupe de curcuma en poudre
- Sel et poivre + Huile végétale pour la friture

Préparation :

1. Préchauffez la friteuse à air chaud à 200°C.
2. Faites chauffer l'huile végétale dans une poêle à feu moyen.
3. Ajoutez l'oignon et faites-le cuire jusqu'à ce qu'il soit tendre.
4. Ajoutez le boeuf haché et faites-le cuire jusqu'à ce qu'il soit doré et croustillant.
5. Ajoutez le cumin, la coriandre, le paprika, le curcuma, le sel et le poivre et mélangez bien.
6. Déroulez la pâte à samosas et coupez-la en bandes.
7. Placez une cuillère à soupe de mélange de boeuf haché sur chaque bande.
8. Pliez la bande de pâte en triangle pour former un samosa.
9. Placez les samosas dans la friteuse à air chaud et faites cuire pendant 10-12 minutes jusqu'à ce qu'ils soient dorés et croustillants.
10. Servez chaud.

Schnitzel autrichien

Ingrédients : 4 personnes

- 4 escalopes de veau
- 1 tasse de farine tout usage
- 2 oeufs battus
- 2 tasses de chapelure panko
- 1 cuillère à café de sel
- 1/4 cuillère à café de poivre noir
- Huile végétale pour la friture

Préparation :

1. Préchauffez la friteuse à air chaud à 200°C.

2. Assaisonnez les escalopes de veau avec du sel et du poivre noir.

3. Enrobez chaque escalope de farine tout usage.

4. Trempez chaque escalope dans les oeufs battus, puis dans la chapelure panko pour bien les enrober.

5. Placez les escalopes dans la friteuse à air chaud et faites cuire pendant 10-12 minutes jusqu'à ce qu'elles soient dorées et croustillantes.

6. Servez chaud avec des quartiers de citron.

Poulet tikka masala

Ingrédients : 4 personnes

- 4 filets de poulet coupés en cubes
- 1/2 tasse de yogourt nature
- 1 cuillère à soupe de garam masala
- 1 cuillère à soupe de coriandre en poudre
- 1 cuillère à soupe de paprika
- 1 cuillère à soupe de curcuma en poudre
- 1 cuillère à soupe de gingembre haché
- 1 gousse d'ail hachée
- Sel et poivre
- Huile végétale pour la friture

Préparation :

1. Préchauffez la friteuse à air chaud à 200°C.
2. Dans un bol, mélangez le yogourt nature, le garam masala, la coriandre en poudre, le paprika, le curcuma, le gingembre, l'ail, le sel et le poivre.
3. Ajoutez les cubes de poulet et mélangez bien pour bien les enrober.
4. Placez les cubes de poulet dans la friteuse à air chaud et faites cuire pendant 10-12 minutes jusqu'à ce qu'ils soient dorés et croustillants.
5. Servez chaud avec du riz basmati.

Tempura japonaise

Ingrédients : 4 personnes

- 1 tasse de farine tout usage
- 1 tasse de fécule de maïs
- 1 cuillère à café de levure chimique
- 1/2 cuillère à café de sel
- 1 1/4 tasse d'eau glacée
- 1 tasse de légumes ou de fruits de mer de votre choix, coupés en morceaux
- Huile végétale pour la friture

Préparation :

1. Préchauffez la friteuse à air chaud à 200°C.
2. Dans un bol, mélangez la farine tout usage, la fécule de maïs, la levure chimique et le sel.
3. Ajoutez l'eau glacée et mélangez bien pour former une pâte.
4. Trempez les morceaux de légumes ou de fruits de mer dans la pâte.
5. Placez les morceaux de légumes ou de fruits de mer dans la friteuse à air chaud et faites cuire pendant 5-6 minutes jusqu'à ce qu'ils soient dorés et croustillants.
6. Servez chaud avec une sauce soja.

Poulet frit coréen

Ingrédients : 4 personnes

- 4 filets de poulet coupés en cubes
- 1 tasse de farine tout usage
- 1/2 tasse de fécule de maïs
- 1 cuillère à soupe de paprika
- 1 cuillère à soupe de sucre
- 1 cuillère à soupe de sel
- 1/2 cuillère à café de poivre noir
- 1 oeuf battu
- Huile végétale pour la friture

Préparation :

1. Préchauffez la friteuse à air chaud à 200°C.
2. Dans un bol, mélangez la farine tout usage, la fécule de maïs, le paprika, le sucre, le sel et le poivre noir.
3. Ajoutez l'oeuf battu et mélangez bien pour former une pâte.
4. Ajoutez les cubes de poulet et mélangez bien pour bien les enrober.
5. Placez les cubes de poulet dans la friteuse à air chaud et faites cuire pendant 10-12 minutes jusqu'à ce qu'ils soient dorés et croustillants.
6. Servez chaud avec du riz et des légumes.

Empanadas argentines

Ingrédients : 4 personnes

- 1 paquet de pâte feuilletée
- 1 tasse de boeuf haché
- 1 oignon haché
- 1/2 tasse de raisins secs
- ½ tasse d'olives vertes hachées
- 1 cuillère à soupe de paprika
- 1 cuillère à soupe de cumin en poudre
- Sel et poivre
- Huile végétale pour la friture

Préparation :

1. Préchauffez la friteuse à air chaud à 200°C.
2. Faites chauffer l'huile végétale dans une poêle à feu moyen.
3. Ajoutez l'oignon et faites-le cuire jusqu'à ce qu'il soit tendre.
4. Ajoutez le boeuf haché et faites-le cuire jusqu'à ce qu'il soit brun et croustillant.
5. Ajoutez les raisins secs, les olives vertes, le paprika, le cumin, le sel et le poivre et mélangez bien.
6. Déroulez la pâte feuilletée et coupez-la en cercles.
7. Placez une cuillère à soupe de mélange de boeuf sur chaque cercle.
8. Pliez le cercle de pâte en deux pour former un empanada.
9. Placez les empanadas dans la friteuse à air chaud et faites cuire pendant 10-12 minutes jusqu'à ce qu'ils soient dorés et croustillants.
10. Servez chaud.

Rouleaux de printemps vietnamiens

Ingrédients : 4 personnes

- 1 paquet de feuilles de riz
- 1 tasse de vermicelles de riz cuits
- 1 tasse de crevettes cuites et décortiquées
- 1 tasse de feuilles de menthe fraîche
- 1 tasse de feuilles de coriandre fraîche
- 1 tasse de carottes râpées
- 1 tasse de concombre coupé en julienne
- Sauce hoisin pour la trempette

Préparation :

1. Préchauffez la friteuse à air chaud à 200°C.
2. Trempez les feuilles de riz dans de l'eau tiède pendant 10-15 secondes pour les ramollir.
3. Placez une feuille de riz sur une surface plane.
4. Placez une petite quantité de vermicelles de riz, de crevettes, de feuilles de menthe, de feuilles de coriandre, de carottes râpées et de concombre coupé en julienne sur la moitié inférieure de la feuille de riz.
5. Roulez la feuille de riz en serrant bien pour former un rouleau.
6. Placez le rouleau de printemps dans la friteuse à air chaud et faites cuire pendant 5-6 minutes jusqu'à ce qu'il soit doré et croustillant.
7. Servez chaud avec de la sauce hoisin pour la trempette.

Beignets de crevettes cajun

Ingrédients : 4 personnes

- 1 tasse de farine tout usage
- 1/2 tasse de farine de maïs
- 1 cuillère à soupe de levure chimique
- 1 cuillère à soupe de paprika
- 1 cuillère à soupe de cumin en poudre
- 1/2 cuillère à café de poivre de Cayenne
- 1/2 cuillère à café de sel
- 1/2 tasse de lait
- 1 oeuf battu
- 1 tasse de crevettes décortiquées
- Huile végétale pour la friture

Préparation :

1. Préchauffez la friteuse à air chaud à 200°C.
2. Dans un bol, mélangez la farine tout usage, la farine de maïs, la levure chimique, le paprika, le cumin en poudre, le poivre de Cayenne et le sel.
3. Ajoutez le lait et l'oeuf battu et mélangez bien pour former une pâte.
4. Ajoutez les crevettes décortiquées et mélangez bien pour bien les enrober.
5. Placez les crevettes dans la friteuse à air chaud et faites cuire pendant 5-6 minutes jusqu'à ce qu'elles soient dorées et croustillantes.
6. Servez chaud avec une sauce piquante.

Churros espagnols

Ingrédients : 4 personnes

- 1 tasse d'eau + 2 cuillères à soupe de sucre
- 1/2 cuillère à café de sel
- 2 cuillères à soupe d'huile d'olive
- 1 tasse de farine tout usage
- 1 oeuf battu + Sucre en poudre pour saupoudrer
- Huile végétale pour la friture

Préparation :

1. Dans une casserole, portez à ébullition l'eau, le sucre, le sel et l'huile d'olive.
2. Ajoutez la farine tout usage et remuez jusqu'à ce que la pâte se détache des parois de la casserole.
3. Retirez la casserole du feu et laissez refroidir pendant 5 minutes.
4. Ajoutez l'oeuf battu à la pâte et mélangez bien.
5. Placez la pâte dans une poche à douille munie d'un embout étoilé.
6. Préchauffez la friteuse à air chaud à 200°C.
7. Pressez la poche à douille pour former des bâtonnets de pâte de 10-12 cm de long.
8. Placez les churros dans la friteuse à air chaud et faites cuire pendant 8-10 minutes jusqu'à ce qu'ils soient dorés et croustillants.
9. Saupoudrez de sucre en poudre et servez chaud.

Poulet tandoori indien

Ingrédients : 4 personnes

- 4 filets de poulet
- 1/2 tasse de yaourt nature
- 1 cuillère à soupe de pâte de tandoori
- 1 cuillère à soupe de jus de citron
- 1 cuillère à soupe d'huile végétale
- 1 cuillère à café de gingembre râpé
- 1 cuillère à café d'ail haché
- 1/2 cuillère à café de sel
- 1/4 cuillère à café de poivre noir

Préparation :

1. Dans un bol, mélangez le yaourt nature, la pâte de tandoori, le jus de citron, l'huile végétale, le gingembre râpé, l'ail haché, le sel et le poivre noir.
2. Ajoutez les filets de poulet et mélangez bien pour bien les enrober.
3. Laissez mariner pendant au moins 1 heure au réfrigérateur.
4. Préchauffez la friteuse à air chaud à 200°C.
5. Placez les filets de poulet dans la friteuse à air chaud et faites cuire pendant 12-15 minutes jusqu'à ce qu'ils soient bien cuits et dorés.
6. Servez chaud avec du riz basmati et des naans.

Crevettes à l'ail et au persil espagnoles

Ingrédients : 4 personnes

- 500 g de crevettes décortiquées
- 4 gousses d'ail hachées
- 1/4 tasse de persil frais haché
- 1/4 tasse d'huile d'olive
- Sel et poivre noir

Préparation :

1. Dans un bol, mélangez les crevettes décortiquées, l'ail haché, le persil frais haché, l'huile d'olive, le sel et le poivre noir.

2. Laissez mariner pendant au moins 30 minutes au réfrigérateur.

3. Préchauffez la friteuse à air chaud à 200°C.

4. Placez les crevettes dans la friteuse à air chaud et faites cuire pendant 5-7 minutes jusqu'à ce qu'elles soient bien cuites et dorées.

5. Servez chaud avec du pain grillé et du beurre à l'ail.

Börek turc

Ingrédients : 4 personnes

- 1 paquet de pâte filo
- 1 tasse de fromage feta émietté
- 1/2 tasse de fromage mozzarella râpé
- 1/4 tasse de persil frais haché
- 1 oeuf battu
- 1/4 tasse d'huile d'olive

Préparation :

1. Dans un bol, mélangez le fromage feta émietté, le fromage mozzarella râpé, le persil frais haché et l'oeuf battu.
2. Préchauffez la friteuse à air chaud à 200°C.
3. Déroulez la pâte filo et coupez-la en rectangles de la taille de votre choix.
4. Placez une cuillère à soupe de mélange de fromage sur chaque rectangle de pâte filo.
5. Pliez la pâte filo en deux pour former un triangle.
6. Badigeonnez d'huile d'olive chaque triangle de börek.
7. Placez les böreks dans la friteuse à air chaud et faites cuire pendant 10-12 minutes jusqu'à ce qu'ils soient dorés et croustillants.
8. Servez chaud avec du yaourt grec.

Lumpia philippin

Ingrédients : 4 personnes

- 250 g de porc haché
- 1 tasse de chou râpé
- 1 tasse de carottes râpées
- 1 tasse de pousses de bambou en conserve
- 1/2 tasse d'oignons verts hachés
- 1/4 tasse de sauce soja
- 1 cuillère à soupe d'ail haché
- 1 cuillère à café de sel
- 1/4 cuillère à café de poivre noir
- 1 paquet de pâte à lumpia (ou pâte à rouleaux de printemps)
- Huile végétale pour la friture

Préparation :

1. Dans un bol, mélangez le porc haché, le chou râpé, les carottes râpées, les pousses de bambou en conserve, les oignons verts hachés, la sauce soja, l'ail haché, le sel et le poivre noir.
2. Placez une cuillère à soupe de mélange de porc sur chaque feuille de pâte à lumpia.
3. Pliez la pâte à lumpia pour former un rouleau
4. Préchauffez la friteuse à air chaud à 200°C.
5. Placez les rouleaux de lumpia dans la friteuse à air chaud et faites cuire pendant 8-10 minutes jusqu'à ce qu'ils soient dorés et croustillants.
6. Servez chaud avec de la sauce aigre-douce.

Recettes légères et diététiques

Poulet grillé à l'ail et au romarin

Ingrédients : 4 personnes

- 500g de blancs de poulet
- 2 gousses d'ail émincées
- 1 cuillère à soupe de romarin frais haché
- 1/2 cuillère à café de sel
- 1/4 cuillère à café de poivre noir
- Huile d'olive en spray

Préparation :

1. Préchauffez la friteuse à air chaud à 200°C.

2. Dans un bol, mélangez l'ail, le romarin, le sel et le poivre.

3. Badigeonnez les blancs de poulet avec le mélange d'ail et de romarin.

4. Vaporisez légèrement d'huile d'olive en spray sur les blancs de poulet.

5. Placez les blancs de poulet dans la friteuse à air chaud et faites cuire pendant 12-15 minutes ou jusqu'à ce qu'ils soient dorés et bien cuits.

Frites de patate douce

Ingrédients : 4 personnes

- 2 patates douces moyennes, pelées et coupées en frites
- 1 cuillère à soupe d'huile d'olive
- 1/2 cuillère à café de sel
- 1/4 cuillère à café de poivre noir

Préparation :

1. Préchauffez la friteuse à air chaud à 200°C.

2. Dans un bol, mélangez les frites de patate douce avec l'huile d'olive, le sel et le poivre.

3. Placez les frites dans la friteuse à air chaud et faites cuire pendant 10-15 minutes ou jusqu'à ce qu'elles soient dorées et croustillantes.

Brochettes de crevettes à l'ail et au citron

Ingrédients : 4 personnes

- 500g de grosses crevettes décortiquées et déveinées
- 2 gousses d'ail émincées
- Jus de 1 citron
- 1/2 cuillère à café de sel
- 1/4 cuillère à café de poivre noir
- Huile d'olive en spray

Préparation :

1. Préchauffez la friteuse à air chaud à 200°C.

2. Dans un bol, mélangez les crevettes, l'ail, le jus de citron, le sel et le poivre.

3. Enfilez les crevettes sur des brochettes.

4. Vaporisez légèrement d'huile d'olive en spray sur les brochettes de crevettes.

5. Placez les brochettes de crevettes dans la friteuse à air chaud et faites cuire pendant 5-7 minutes ou jusqu'à ce que les crevettes soient roses et bien cuites.

Brocoli rôti

Ingrédients : 4 personnes

- 2 tasses de fleurons de brocoli
- 1 cuillère à soupe d'huile d'olive
- 1/2 cuillère à café de sel
- 1/4 cuillère à café de poivre noir

Préparation :

1. Préchauffez la friteuse à air chaud à 200°C.

2. Dans un bol, mélangez le brocoli avec l'huile d'olive, le sel et le poivre.

3. Placez le brocoli dans la friteuse à air chaud et faites cuire pendant 10-12 minutes ou jusqu'à ce qu'il soit doré et tendre.

Crevettes croustillantes aux noix de coco

Ingrédients : 4 personnes

- 500g de crevettes décortiquées et déveinées
- 1/2 tasse de noix de coco râpée
- 1/4 tasse de farine
- 1/4 cuillère à café de sel
- 1/4 cuillère à café de poivre noir
- 2 œufs battus

Préparation :

1. Préchauffez la friteuse à air chaud à 200°C.

2. Dans un bol, mélangez la noix de coco râpée, la farine, le sel et le poivre.

3. Trempez les crevettes dans les œufs battus puis dans le mélange de noix de coco.

4. Placez les crevettes dans la friteuse à air chaud et faites cuire pendant 5-7 minutes ou jusqu'à ce qu'elles soient dorées et croustillantes.

Poulet croustillant aux herbes

Ingrédients : 4 personnes

- 500g de blancs de poulet coupés en lanières
- 1/2 tasse de chapelure
- 1/4 tasse de parmesan râpé
- 1 cuillère à soupe de persil frais haché
- 1/2 cuillère à café de sel
- 1/4 cuillère à café de poivre noir
- 2 œufs battus

Préparation :

1. Préchauffez la friteuse à air chaud à 200°C.

2. Dans un bol, mélangez la chapelure, le parmesan, le persil, le sel et le poivre.

3. Trempez les lanières de poulet dans les œufs battus puis dans le mélange de chapelure.

4. Placez les lanières de poulet dans la friteuse à air chaud et faites cuire pendant 10-12 minutes ou jusqu'à ce qu'elles soient dorées et croustillantes.

Falafels croustillants

Ingrédients : 4 personnes

- 500g de pois chiches cuits
- 1 oignon haché
- 2 gousses d'ail hachées
- 1/4 tasse de persil frais haché
- 1/4 tasse de farine de pois chiches
- 1 cuillère à café de cumin moulu
- 1/4 cuillère à café de sel
- 1/4 cuillère à café de poivre noir

Préparation :

1. Préchauffez la friteuse à air chaud à 200°C.

2. Dans un mixeur, mixez les pois chiches, l'oignon, l'ail, le persil, la farine de pois chiches, le cumin, le sel et le poivre jusqu'à obtenir une pâte homogène.

3. Formez des boulettes avec la pâte et aplatissez-les légèrement.

4. Placez les falafels dans la friteuse à air chaud et faites cuire pendant 10-12 minutes ou jusqu'à ce qu'ils soient dorés et croustillants.

Légumes grillés à l'italienne

Ingrédients : 4 personnes

- 2 courgettes coupées en rondelles
- 2 poivrons coupés en lanières
- 1 oignon rouge coupé en quartiers
- 2 cuillères à soupe d'huile d'olive
- 1 cuillère à soupe d'origan séché
- 1/2 cuillère à café de sel
- 1/4 cuillère à café de poivre noir

Préparation :

1. Préchauffez la friteuse à air chaud à 200°C.

2. Dans un bol, mélangez les courgettes, les poivrons et l'oignon avec l'huile d'olive, l'origan, le sel et le poivre.

3. Placez les légumes dans la friteuse à air chaud et faites cuire pendant 10-12 minutes ou jusqu'à ce qu'ils soient tendres et dorés.

Croquettes de poisson

Ingrédients : 4 personnes

- 500g de poisson blanc cuit et émietté (morue, merlu, etc.)
- 1/2 tasse de chapelure
- 1/4 tasse de parmesan râpé
- 1/4 tasse de persil frais haché
- 1/4 cuillère à café de sel
- 1/4 cuillère à café de poivre noir
- 2 œufs battus

Préparation :

1. Préchauffez la friteuse à air chaud à 200°C.

2. Dans un bol, mélangez le poisson émietté, la chapelure, le parmesan, le persil, le sel et le poivre.

3. Formez des croquettes avec le mélange de poisson.

4. Trempez les croquettes dans les œufs battus.

5. Placez les croquettes dans la friteuse à air chaud et faites cuire pendant 10-12 minutes ou jusqu'à ce qu'elles soient dorées et croustillantes.

Aubergines grillées à la méditerranéenne

Ingrédients : 4 personnes

- 2 aubergines coupées en rondelles
- 2 tomates coupées en quartiers
- 1 oignon rouge coupé en quartiers
- 2 cuillères à soupe d'huile d'olive
- 1 cuillère à soupe de vinaigre balsamique
- 1 cuillère à café de thym séché
- 1/2 cuillère à café de sel
- 1/4 cuillère à café de poivre noir

Préparation :

1. Préchauffez la friteuse à air chaud à 200°C.

2. Dans un bol, mélangez les aubergines, les tomates et l'oignon avec l'huile d'olive, le vinaigre balsamique, le thym, le sel et le poivre.

3. Placez les légumes dans la friteuse à air chaud et faites cuire pendant 10-12 minutes ou jusqu'à ce qu'ils soient tendres et dorés.

Frites de patates douces

Ingrédients : 4 personnes

- 2 patates douces coupées en bâtonnets
- 2 cuillères à soupe d'huile d'olive
- 1 cuillère à café de paprika fumé
- 1/2 cuillère à café de sel
- 1/4 cuillère à café de poivre noir

Préparation :

1. Préchauffez la friteuse à air chaud à 200°C.

2. Dans un bol, mélangez les patates douces avec l'huile d'olive, le paprika fumé, le sel et le poivre.

3. Placez les patates douces dans la friteuse à air chaud et faites cuire pendant 10-12 minutes ou jusqu'à ce qu'elles soient dorées et croustillantes.

Brochettes de poulet marinées

Ingrédients : 4 personnes

- 500g de blancs de poulet coupés en cubes
- 1/4 tasse de sauce soja
- 2 cuillères à soupe de miel
- 1 cuillère à soupe de gingembre frais râpé
- 2 gousses d'ail hachées
- 1/4 cuillère à café de poivre noir
- Brochettes en bois

Préparation :

1. Préchauffez la friteuse à air chaud à 200°C.

2. Dans un bol, mélangez la sauce soja, le miel, le gingembre, l'ail et le poivre noir.

3. Ajoutez les cubes de poulet à la marinade et mélangez bien.

4. Enfilez les cubes de poulet sur les brochettes en bois.

5. Placez les brochettes dans la friteuse à air chaud et faites cuire pendant 10-12 minutes ou jusqu'à ce que le poulet soit bien cuit.

Rouleaux de printemps croustillants

Ingrédients : 4 personnes

- 8 feuilles de riz + 1 tasse de chou râpé
- 1 tasse de carottes râpées + 1 tasse de pousses de soja
- 1/2 tasse de vermicelles de riz cuits + 2 cuillères à soupe de sauce soja
- 2 cuillères à soupe de vinaigre de riz + 1 cuillère à soupe de sucre
- 1/4 cuillère à café de poivre noir + 1/4 tasse de farine
- 1/4 tasse d'eau + 2 cuillères à soupe d'huile d'olive

Préparation :

1. Préchauffez la friteuse à air chaud à 200°C.
2. Dans un bol, mélangez le chou, les carottes, les pousses de soja, les vermicelles de riz, la sauce soja, le vinaigre de riz, le sucre et le poivre noir.
3. Trempez chaque feuille de riz dans de l'eau chaude pendant environ 10 secondes, jusqu'à ce qu'elle soit ramollie.
4. Placez une cuillère à soupe du mélange de légumes sur le bord inférieur de la feuille de riz.
5. Repliez les côtés de la feuille de riz sur le mélange de légumes, puis roulez fermement la feuille de riz pour former un rouleau.
6. Dans un petit bol, mélangez la farine et l'eau pour former une pâte.
7. Badigeonnez la pâte sur chaque rouleau de printemps.
8. Placez les rouleaux de printemps dans la friteuse à air chaud et faites cuire pendant 8-10 minutes ou jusqu'à ce qu'ils soient dorés et croustillants.

Brochettes de crevettes épicées

Ingrédients : 4 personnes

- 500g de crevettes décortiquées
- 2 cuillères à soupe d'huile d'olive
- 1 cuillère à soupe de paprika
- 1/2 cuillère à café de cumin moulu
- 1/4 cuillère à café de sel
- 1/4 cuillère à café de poivre noir
- Brochettes en bois

Préparation :

1. Préchauffez la friteuse à air chaud à 200°C.

2. Dans un bol, mélangez l'huile d'olive, le paprika, le cumin, le sel et le poivre noir.

3. Ajoutez les crevettes à la marinade et mélangez bien.

4. Enfilez les crevettes sur les brochettes en bois.

5. Placez les brochettes dans la friteuse à air chaud et faites cuire pendant 5-7 minutes ou jusqu'à ce que les crevettes soient roses et croustillantes.

Frites de courgettes

Ingrédients : 4 personnes

- 2 courgettes coupées en bâtonnets
- 2 cuillères à soupe d'huile d'olive
- 1/2 cuillère à café de paprika
- 1/2 cuillère à café d'ail en poudre
- 1/4 cuillère à café de sel
- 1/4 cuillère à café de poivre noir

Préparation :

1. Préchauffez la friteuse à air chaud à 200°C.

2. Dans un bol, mélangez les courgettes avec l'huile d'olive

3. Ajoutez le paprika, l'ail en poudre, le sel et le poivre noir et mélangez bien.

4. Disposez les bâtonnets de courgettes dans la friteuse à air chaud et faites cuire pendant 12-15 minutes ou jusqu'à ce qu'ils soient dorés et croustillants.

Brochettes de tofu et légumes

Ingrédients : 4 personnes

- 250g de tofu coupé en cubes
- 1 courgette coupée en tranches
- 1 poivron coupé en morceaux
- 2 cuillères à soupe d'huile d'olive
- 1/2 cuillère à café de paprika
- 1/2 cuillère à café d'ail en poudre
- 1/4 cuillère à café de sel
- 1/4 cuillère à café de poivre noir
- Brochettes en bois

Préparation :

1. Préchauffez la friteuse à air chaud à 200°C.

2. Enfilez les cubes de tofu, les tranches de courgette et les morceaux de poivron sur les brochettes en bois.

3. Dans un bol, mélangez l'huile d'olive, le paprika, l'ail en poudre, le sel et le poivre noir.

4. Badigeonnez les brochettes avec la marinade.

5. Placez les brochettes dans la friteuse à air chaud et faites cuire pendant 12-15 minutes ou jusqu'à ce que les légumes soient tendres et le tofu doré et croustillant.

Poulet grillé à l'italienne

Ingrédients : 4 personnes

- 4 filets de poulet
- 2 cuillères à soupe d'huile d'olive
- 1 cuillère à soupe d'origan séché
- 1 cuillère à café d'ail en poudre
- 1/4 cuillère à café de sel
- 1/4 cuillère à café de poivre noir

Préparation :

1. Préchauffez la friteuse à air chaud à 200°C.

2. Dans un bol, mélangez l'huile d'olive, l'origan, l'ail en poudre, le sel et le poivre noir.

3. Badigeonnez les filets de poulet avec la marinade.

4. Placez les filets de poulet dans la friteuse à air chaud et faites cuire pendant 15-18 minutes ou jusqu'à ce qu'ils soient cuits à cœur et dorés.

Gambas à la coriandre et au citron vert

Ingrédients : 4 personnes

- 500g de gambas décortiquées
- 2 cuillères à soupe d'huile d'olive
- 1/4 tasse de coriandre fraîche hachée
- 1 cuillère à soupe de jus de citron vert
- 1/4 cuillère à café de sel
- 1/4 cuillère à café de poivre noir

Préparation :

1. Préchauffez la friteuse à air chaud à 200°C.

2. Dans un bol, mélangez l'huile d'olive, la coriandre, le jus de citron vert, le sel et le poivre noir.

3. Ajoutez les gambas dans le bol et mélangez bien pour les enrober de la marinade.

4. Placez les gambas dans la friteuse à air chaud et faites cuire pendant 5-7 minutes ou jusqu'à ce qu'elles soient roses et croustillantes.

Poisson blanc croustillant

Ingrédients : 4 personnes

- 4 filets de poisson blanc
- 1 tasse de chapelure
- 1/4 tasse de farine
- 1/2 cuillère à café de paprika
- 1/2 cuillère à café de sel
- 1/4 cuillère à café de poivre noir
- 2 œufs battus

Préparation :

1. Préchauffez la friteuse à air chaud à 200°C.

2. Dans un bol, mélangez la chapelure, la farine, le paprika, le sel et le poivre noir.

3. Trempez chaque filet de poisson dans les œufs battus, puis dans le mélange de chapelure pour bien les enrober.

4. Placez les filets de poisson dans la friteuse à air chaud et faites cuire pendant 12-15 minutes ou jusqu'à ce qu'ils soient dorés et croustillants.

Steak végétarien de lentilles et quinoa

Ingrédients : 4 personnes

- 1 tasse de lentilles cuites
- 1 tasse de quinoa cuit
- 1 carotte râpée
- 1 oignon haché
- 1 gousse d'ail hachée
- 1 cuillère à soupe de farine
- 1 cuillère à soupe de sauce soja
- 1 cuillère à café de paprika
- 1/2 cuillère à café de sel
- 1/4 cuillère à café de poivre noir

Préparation :

1. Préchauffez la friteuse à air chaud à 200°C.
2. Dans un bol, mélangez les lentilles, le quinoa, la carotte, l'oignon et l'ail.
3. Ajoutez la farine, la sauce soja, le paprika, le sel et le poivre noir et mélangez bien.
4. Formez des steaks à partir du mélange et placez-les dans la friteuse à air chaud.
5. Faites cuire les steaks pendant 10-12 minutes de chaque côté ou jusqu'à ce qu'ils soient dorés et croustillants.

Recettes pour enfants

Nuggets de poulet maison

Ingrédients : 4 personnes

- 500g de blanc de poulet coupé en morceaux
- 1 tasse de chapelure
- 1/4 tasse de parmesan râpé
- 1 cuillère à café de paprika
- 1/2 cuillère à café de sel
- 1/4 cuillère à café de poivre noir
- 2 œufs battus

Préparation :

1. Préchauffez la friteuse à air chaud à 200°C.

2. Dans un bol, mélangez la chapelure, le parmesan, le paprika, le sel et le poivre noir.

3. Trempez chaque morceau de poulet dans les œufs battus, puis dans le mélange de chapelure pour bien les enrober.

4. Placez les nuggets de poulet dans la friteuse à air chaud et faites cuire pendant 12-15 minutes ou jusqu'à ce qu'ils soient dorés et croustillants.

Frites de patate douce

Ingrédients : 4 personnes

- 2 patates douces coupées en bâtonnets
- 1 cuillère à soupe d'huile d'olive
- 1/2 cuillère à café de sel
- 1/4 cuillère à café de poivre noir

Préparation :

1. Préchauffez la friteuse à air chaud à 200°C.

2. Dans un bol, mélangez les bâtonnets de patate douce avec l'huile d'olive, le sel et le poivre noir.

3. Placez les bâtonnets de patate douce dans la friteuse à air chaud et faites cuire pendant 15-20 minutes ou jusqu'à ce qu'ils soient dorés et croustillants.

Mini pizzas

Ingrédients : 4 personnes

- 4 petits pains ronds
- 1/4 tasse de sauce tomate
- 1/2 tasse de fromage râpé
- 1/4 tasse de pepperoni en dés (facultatif)
- Sel et poivre

Préparation :

1. Préchauffez la friteuse à air chaud à 180°C.

2. Coupez chaque petit pain en deux et étalez la sauce tomate sur chaque moitié.

3. Ajoutez le fromage râpé et les dés de pepperoni (facultatif).

4. Saupoudrez de sel et de poivre.

5. Placez les mini pizzas dans la friteuse à air chaud et faites cuire pendant 10-12 minutes ou jusqu'à ce que le fromage soit fondu et les croûtes soient dorées.

Bâtonnets de fromage

Ingrédients : 4 personnes

- 8 bâtonnets de fromage
- 1 tasse de chapelure
- 1/4 tasse de farine
- 1/2 cuillère à café de paprika
- 1/2 cuillère à café de sel
- 1/4 cuillère à café de poivre noir
- 2 œufs battus

Préparation :

1. Préchauffez la friteuse à air chaud à 200°C.

2. Dans un bol, mélangez la chapelure, la farine, le paprika, le sel et le poivre noir.

3. Trempez chaque bâtonnet de fromage dans les œufs battus, puis dans le mélange de chapelure pour bien les enrober.

4. Placez les bâtonnets de fromage dans la friteuse à air chaud et faites cuire pendant 6-8 minutes ou jusqu'à ce qu'ils soient dorés et croustillants.

Ailes de poulet barbecue

Ingrédients : 4 personnes

- 1 kg d'ailes de poulet
- 1/4 tasse de sauce barbecue
- 1/4 tasse de ketchup
- 2 cuillères à soupe de miel
- 1 cuillère à soupe de sauce soja
- 1/2 cuillère à café de sel
- 1/4 cuillère à café de poivre noir

Préparation :

1. Préchauffez la friteuse à air chaud à 200°C.

2. Dans un bol, mélangez la sauce barbecue, le ketchup, le miel, la sauce soja, le sel et le poivre noir.

3. Ajoutez les ailes de poulet au mélange de sauce et mélangez bien.

4. Placez les ailes de poulet dans la friteuse à air chaud et faites cuire pendant 20-25 minutes ou jusqu'à ce qu'elles soient dorées et croustillantes.

Churros

Ingrédients : 4 personnes

- 1 tasse d'eau
- 1/4 tasse de sucre
- 1/2 cuillère à café de sel
- 1 tasse de farine tout usage
- 2 cuillères à soupe d'huile végétale
- 1 œuf battu
- 1/4 tasse de sucre cristallisé
- 1 cuillère à soupe de cannelle moulue

Préparation :

1. Dans une casserole, portez l'eau, le sucre et le sel à ébullition. Réduire le feu et ajouter la farine en remuant constamment jusqu'à ce que la pâte se détache des côtés de la casserole.
2. Retirez du feu et ajoutez l'huile végétale et l'œuf battu. Mélangez jusqu'à ce que la pâte soit lisse et homogène.
3. Mettez la pâte dans une poche à douille avec une douille en étoile.
4. Préchauffez la friteuse à air chaud à 190°C.
5. Mettez les churros dans la friteuse à air chaud et faites cuire pendant 8-10 minutes ou jusqu'à ce qu'ils soient dorés.
6. Dans un bol, mélangez le sucre cristallisé et la cannelle moulue. Enrobez les churros dans ce mélange avant de servir.

Brochettes de fruits

Ingrédients : 4 personnes

- 2 bananes, coupées en tranches
- 1 tasse de fraises, coupées en deux
- 1 tasse d'ananas, coupé en morceaux
- 1 tasse de melon d'eau, coupé en cubes
- Brochettes en bois

Préparation :

1. Enfilez les fruits sur des brochettes en bois.

2. Préchauffez la friteuse à air chaud à 190°C.

3. Placez les brochettes de fruits dans la friteuse à air chaud et faites cuire pendant 5-7 minutes ou jusqu'à ce que les fruits soient légèrement dorés.

Boulettes de poulet

Ingrédients : 4 personnes

- 500g de poulet haché
- 1 tasse de chapelure
- 1/2 tasse de parmesan râpé
- 1/4 tasse d'oignons verts hachés
- 2 gousses d'ail, hachées
- 1 cuillère à soupe de persil frais haché
- 1/2 cuillère à café de sel
- 1/4 cuillère à café de poivre noir
- 1 œuf battu

Préparation :

1. Dans un bol, mélangez le poulet haché, la chapelure, le parmesan râpé, les oignons verts hachés, l'ail haché, le persil frais haché, le sel et le poivre noir.

2. Ajoutez l'œuf battu au mélange et mélangez bien.

3. Formez des boulettes de poulet de la taille d'une bouchée.

4. Placez les boulettes de poulet dans la friteuse à air chaud et faites cuire pendant 10-12 minutes ou jusqu'à ce qu'elles soient dorées et croustillantes.

Bâtonnets de courgettes

Ingrédients : 4 personnes

- 2 courgettes, coupées en bâtonnets
- 1 tasse de chapelure
- 1/2 tasse de parmesan râpé
- 1 cuillère à soupe de paprika
- 1/2 cuillère à café de sel
- 1/4 cuillère à café de poivre noir
- 2 œufs battus

Préparation :

1. Préchauffez la friteuse à air chaud à 190°C.

2. Dans un bol, mélangez la chapelure, le parmesan râpé, le paprika, le sel et le poivre noir.

3. Dans un autre bol, battez les œufs.

4. Trempez les bâtonnets de courgettes dans les œufs battus, puis enrobez-les de mélange de chapelure.

5. Placez les bâtonnets de courgettes dans la friteuse à air chaud et faites cuire pendant 8-10 minutes ou jusqu'à ce qu'ils soient dorés et croustillants.

Nuggets de poisson

Ingrédients : 4 personnes

- 500g de poisson blanc, coupé en morceaux
- 1 tasse de chapelure
- 1/2 tasse de farine
- 1/4 tasse de parmesan râpé
- 1 cuillère à soupe de persil frais haché
- 1/2 cuillère à café de sel
- 1/4 cuillère à café de poivre noir
- 2 œufs battus

Préparation :

1. Préchauffez la friteuse à air chaud à 190°C.

2. Dans un bol, mélangez la chapelure, la farine, le parmesan râpé, le persil frais haché, le sel et le poivre noir.

3. Dans un autre bol, battez les œufs.

4. Trempez les morceaux de poisson dans les œufs battus, puis enrobez-les de mélange de chapelure.

5. Placez les nuggets de poisson dans la friteuse à air chaud et faites cuire pendant 10-12 minutes ou jusqu'à ce qu'ils soient dorés et croustillants.

Mini-pizzas

Ingrédients : 4 personnes

- 6 mini-pains pitas
- 1/2 tasse de sauce tomate
- 1/2 tasse de fromage râpé (mozzarella, cheddar, etc.)
- 1/4 tasse de pepperoni coupé en dés
- 1/4 tasse de champignons coupés en tranches
- 1/4 tasse de poivrons coupés en dés

Préparation :

1. Préchauffez la friteuse à air chaud à 190°C.

2. Coupez les mini-pains pitas en deux pour obtenir 12 demi-pains.

3. Étalez une cuillère à soupe de sauce tomate sur chaque demi-pain.

4. Ajoutez du fromage râpé, des dés de pepperoni, des tranches de champignons et des dés de poivrons sur chaque demi-pain.

5. Placez les mini-pizzas dans la friteuse à air chaud et faites cuire pendant 8-10 minutes ou jusqu'à ce que le fromage soit fondu et que les bords soient dorés et croustillants.

Bâtonnets de tofu croustillants

Ingrédients : 4 personnes

- 1 bloc de tofu ferme, coupé en bâtonnets
- 1 tasse de chapelure
- 1/2 tasse de parmesan râpé
- 1 cuillère à soupe de persil frais haché
- ½ cuillère à café de sel
- 1/4 cuillère à café de poivre noir
- 2 œufs battus

Préparation :

1. Préchauffez la friteuse à air chaud à 190°C.

2. Dans un bol, mélangez la chapelure, le parmesan râpé, le persil frais haché, le sel et le poivre noir.

3. Dans un autre bol, battez les œufs.

4. Trempez les bâtonnets de tofu dans les œufs battus, puis enrobez-les de mélange de chapelure.

5. Placez les bâtonnets de tofu dans la friteuse à air chaud et faites cuire pendant 8-10 minutes ou jusqu'à ce qu'ils soient dorés et croustillants.

Rouleaux de printemps croustillants

Ingrédients : 4 personnes

- 8 feuilles de riz
- 1 tasse de vermicelles de riz cuits
- 1/2 tasse de crevettes décortiquées
- 1/2 tasse de carottes râpées
- 1/2 tasse de concombre coupé en dés
- 1/4 tasse de menthe fraîche hachée
- 1/4 tasse de coriandre fraîche hachée
- 2 cuillères à soupe de sauce soja
- 2 cuillères à soupe de jus de citron
- 1 cuillère à soupe de miel

Préparation :

1. Préchauffez la friteuse à air chaud à 190°C.
2. Trempez une feuille de riz dans de l'eau tiède pendant 10 secondes, puis placez-la sur une surface plane.
3. Disposez une petite quantité de vermicelles de riz, de crevettes, de carottes râpées, de concombre, de menthe et de coriandre sur la moitié inférieure de la feuille de riz.
4. Roulez la feuille de riz, en repliant les côtés, pour former un rouleau serré.
5. Répétez avec les feuilles de riz restantes.
6. Dans un petit bol, mélangez la sauce soja, le jus de citron et le miel.
7. Placez les rouleaux de printemps dans la friteuse à air chaud et faites cuire pendant 6-8 minutes ou jusqu'à ce qu'ils soient dorés et croustillants.
8. Servez avec la sauce soja au citron et au miel.

Bâtonnets de carottes et courgettes croustillants

Ingrédients : 4 personnes

- 2 carottes, coupées en bâtonnets
- 2 courgettes, coupées en bâtonnets
- 1 tasse de chapelure
- 1/2 tasse de parmesan râpé
- 1 cuillère à soupe de persil frais haché
- 1/2 cuillère à café de sel
- 1/4 cuillère à café de poivre noir
- 2 œufs battus

Préparation :

1. Préchauffez la friteuse à air chaud à 190°C.
2. Dans un bol, mélangez la chapelure, le parmesan râpé, le persil frais haché, le sel et le poivre noir.
3. Dans un autre bol, battez les œufs.
4. Trempez les bâtonnets de carottes et de courgettes dans les œufs battus, puis enrobez-les de mélange de chapelure.
5. Placez les bâtonnets de légumes dans la friteuse à air chaud et faites cuire pendant 8-10 minutes ou jusqu'à ce qu'ils soient dorés et croustillants.

Nuggets de poulet croustillants

Ingrédients : 4 personnes

- 500g de filets de poulet, coupés en morceaux
- 1 tasse de chapelure
- 1/2 tasse de parmesan râpé
- 1 cuillère à soupe de persil frais haché
- 1/2 cuillère à café de sel
- 1/4 cuillère à café de poivre noir
- 2 œufs battus

Préparation :

1. Préchauffez la friteuse à air chaud à 190°C.

2. Dans un bol, mélangez la chapelure, le parmesan râpé, le persil frais haché, le sel et le poivre noir.

3. Dans un autre bol, battez les œufs.

4. Trempez les morceaux de poulet dans les œufs battus, puis enrobez-les de mélange de chapelure.

5. Placez les nuggets de poulet dans la friteuse à air chaud et faites cuire pendant 10-12 minutes ou jusqu'à ce qu'ils soient dorés et croustillants.

Samoussas aux légumes croustillants

Ingrédients : 4 personnes

- 8 feuilles de pâte filo
- 1 tasse de chou râpé
- 1/2 tasse de carottes râpées
- 1/2 tasse de poivrons rouges coupés en dés
- 1/4 tasse de coriandre fraîche hachée
- 2 cuillères à soupe de sauce soja
- 2 cuillères à soupe de jus de citron
- 1 cuillère à soupe de miel

Préparation :

1. Préchauffez la friteuse à air chaud à 190°C.
2. Dans un bol, mélangez le chou râpé, les carottes râpées, les poivrons rouges coupés en dés et la coriandre fraîche hachée.
3. Pliez une feuille de pâte filo en deux pour former un rectangle.
4. Disposez une petite quantité de mélange de légumes sur la moitié inférieure de la feuille de pâte filo.
5. Repliez la pâte filo en diagonale pour former un triangle, en emprisonnant le mélange de légumes à l'intérieur.
6. Répétez avec les feuilles de pâte filo restantes.
7. Dans un petit bol, mélangez la sauce soja, le jus de citron et le miel.
8. Placez les samoussas dans la friteuse à air chaud et faites cuire pendant 6-8 minutes ou jusqu'à ce qu'ils soient dorés et croustillants.
9. Servez chaud avec la sauce soja au citron et miel pour tremper.

Rondelles d'oignon croustillantes

Ingrédients : 4 personnes

- 2 gros oignons, tranchés en rondelles épaisses
- 1 tasse de farine tout usage
- 1 cuillère à soupe de poudre d'ail
- 1 cuillère à soupe de paprika
- 1 cuillère à soupe de sel
- 1/2 cuillère à café de poivre noir
- 2 œufs battus
- 1/4 tasse de lait
- 1 tasse de chapelure panko

Préparation :

1. Préchauffez la friteuse à air chaud à 200°C.
2. Dans un bol, mélangez la farine, la poudre d'ail, le paprika, le sel et le poivre noir.
3. Dans un autre bol, battez les œufs avec le lait.
4. Trempez les rondelles d'oignon dans le mélange de farine, puis dans le mélange d'œufs et enfin dans la chapelure panko.
5. Placez les rondelles d'oignon dans la friteuse à air chaud et faites cuire pendant 8-10 minutes ou jusqu'à ce qu'elles soient dorées et croustillantes.

Mini pizza croustillante

Ingrédients : 4 personnes

- 4 pitas
- 1 tasse de sauce tomate
- 1 tasse de fromage râpé (mozzarella, cheddar, etc.)
- 1/2 tasse de pepperoni tranché
- 1/4 tasse de champignons tranchés
- 1/4 tasse d'oignons hachés
- 1/4 tasse de poivrons verts hachés
- 1 cuillère à soupe d'huile d'olive
- 1 cuillère à soupe d'origan séché

Préparation :

1. Préchauffez la friteuse à air chaud à 200°C.
2. Badigeonnez chaque pita d'huile d'olive et saupoudrez d'origan séché.
3. Étalez environ 1/4 tasse de sauce tomate sur chaque pita.
4. Ajoutez les garnitures de votre choix, telles que le fromage râpé, les pepperonis, les champignons, les oignons et les poivrons verts.
5. Placez les mini pizzas dans la friteuse à air chaud et faites cuire pendant 8-10 minutes ou jusqu'à ce que le fromage soit fondu et que les pizzas soient dorées et croustillantes.

Bananes croustillantes

Ingrédients : 4 personnes

- 2 bananes
- 1 tasse de farine tout usage
- 1 cuillère à soupe de sucre
- 1/2 cuillère à café de cannelle moulue
- 1/4 cuillère à café de sel
- 1 œuf battu
- 1 tasse de chapelure panko

Préparation :

1. Préchauffez la friteuse à air chaud à 180°C.
2. Dans un bol, mélangez la farine, le sucre, la cannelle et le sel.
3. Dans un autre bol, battez l'œuf.
4. Pelez les bananes et coupez-les en deux dans le sens de la longueur.
5. Trempez chaque moitié de banane dans le mélange de farine, puis dans l'œuf battu et enfin dans la chapelure panko.
6. Placez les bananes dans la friteuse à air chaud et faites cuire pendant 5-7 minutes ou jusqu'à ce qu'elles soient dorées et croustillantes.
7. Servez chaud avec du miel ou de la sauce au chocolat pour tremper.

Hot dog croustillant

Ingrédients: 4 personnes

- 4 saucisses hot dog
- 4 pains à hot dog
- 1 tasse de fromage râpé (cheddar, mozzarella, etc.)
- 1/4 tasse de bacon cuit émietté
- 1/4 tasse de oignons hachés
- 1/4 tasse de poivrons verts hachés
- 1/4 tasse de ketchup
- 1/4 tasse de moutarde
- 1/4 tasse de relish

Préparation :

1. Préchauffez la friteuse à air chaud à 180°C.
2. Faites des incisions en diagonale sur chaque saucisse hot dog, en prenant soin de ne pas couper complètement.
3. Placez les saucisses dans la friteuse à air chaud et faites cuire pendant 6-8 minutes ou jusqu'à ce qu'elles soient bien cuites.
4. Pendant ce temps, faites griller les pains à hot dog jusqu'à ce qu'ils soient dorés.
5. Garnissez chaque pain à hot dog avec du fromage râpé, du bacon émietté, des oignons et des poivrons hachés.
6. Ajoutez la saucisse hot dog dans chaque pain à hot dog.
7. Dans un petit bol, mélangez le ketchup, la moutarde et la relish.
8. Servez les hot dogs croustillants chauds avec la sauce à côté pour tremper.

Printed in France by Amazon
Brétigny-sur-Orge, FR